JOSÉ ROBERTO A. IGREJA

How do you say (**********) in English?

EXPRESSÕES COLOQUIAIS E PERGUNTAS INUSITADAS
PARA QUEM ESTUDA OU ENSINA INGLÊS!

17ª REIMPRESSÃO

© 2005 José Roberto A. Igreja

Coordenação editorial
Paulo Nascimento Verano

Preparação e índice remissivo
Mário Vilela

Capa e projeto gráfico
Paula Astiz

Editoração eletrônica
Melissa Yukie Kawaoku / Paula Astiz Design

Ilustrações
Rafael Dourado

Dados Internacionais de Catalogação na Publicação (CIP)
(Câmara Brasileira do Livro, SP, Brasil)

Igreja, José Roberto A.
    How do you say : in English? : expressões coloquiais e perguntas inusitadas para quem estuda ou ensina inglês! / José Roberto A. Igreja ; [ilustrações Rafael Dourado]. – 1. ed. – São Paulo: Disal, 2005.

Bibliografia.
ISBN 978-85-89533-65-2

1. Inglês – Expressões idiomáticas 2. Inglês – Dicionários – Português I. Dourado, Rafael. II. Título

04-8075   CDD-423.1

Índices para catálogo sistemático:

1. Coloquialismos : Dicionários : Inglês-português   423.1
2. Expressões Idiomáticas : Dicionários : Inglês   423.1

Todos os direitos reservados em nome de: Bantim, Canato e Guazzelli Editora Ltda.

Al. Mamoré, 911, cj. 107, Alphaville
06454-040, Barueri, SP
Tel./Fax: (11) 4195-2811

Visite nosso site: www.disaleditora.com.br

Vendas:
Televendas: (11) 3226-3111
Fax gratuito: 0800 7707 105/106
E-mail para pedidos: comercialdisal@disal.com.br

Nenhuma parte desta publicação pode ser reproduzida, arquivada nem transmitida de nenhuma forma ou meio sem permissão expressa e escrita da Editora.

A meu filho, Kevin

SUMÁRIO

Prefácio	7
Agradecimentos	9
Introdução	11
» "How do you say... in English?"	11
» Para soar mais natural em inglês	11
» Dois universos culturais distintos, duas formas de expressar-se	11
» Benefícios deste livro	12
Vocabulário e expressões coloquiais populares no Brasil e seus equivalentes nos EUA	13
Coisas que as pessoas dizem... e todos perguntam...	93
Which one?	103
» Toalha...: de mesa ou de banho? Receita: de bolo ou médico?	103
Ditados e provérbios	141
Para quando você quiser encontrar...	145

PREFÁCIO

Que professor de língua inglesa ainda não se viu numa saia justa diante da pergunta de um aluno? Daquelas como "Professor, como é que eu falo 'fazer um doc' em inglês?". Possivelmente, a maioria! Tendo, ainda, que fazer aquela cara de "Sei lá como é que se fala isto!" ou "Não havia outra pergunta para me fazer?".

Mesmo assim, alguns tentam responder. Pensam daqui, pensam dali – e dão uma resposta, nem sempre, muito convincente. Outros, mais conscientes da seriedade da situação, não se intimidam e assumem não saber. Mesmo porque não são perguntas fáceis de responder!

Por que perguntas como essas são feitas pelos nossos alunos?

Em primeiro lugar, imagino, não apenas alunos, mas professores de línguas também, vêm, cada vez mais, ganhando a consciência da necessidade e importância de empregar, em sua fala principalmente, determinados tipos de expressão. Os aprendizes de uma língua estrangeira não se contentam mais em tentar dominar a pronúncia, os vocábulos e as regras gramaticais. Querem alcançar um nível de proficiência mais elevado, capaz de lhes proporcionar mais fluência e desenvoltura nessa língua. Assim, precisam aprender certas combinações convencionalizadas e recorrentes que dão o colorido e a naturalidade típicos dos falantes nativos da língua que estão tentando aprimorar.

Além disso, determinados coloquialismos não figuram em qualquer dicionário ou, se ali estão, nem sempre são encontrados facilmente. Sem contarmos com a escassez de publicações nessa área, sobretudo no Brasil.

Isso, com certeza, leva o aluno a recorrer, então, ao professor, que agora não está sozinho, pois José Roberto A. Igreja, com **How do you say... in English?**, tem a resposta para várias das perguntas inusitadas feitas por aqueles que estudam ou ensinam inglês.

Prof. Dr. Adauri Brezolin
Professor de Tradução da Unibero e da Universidade Metodista de São Paulo

AGRADECIMENTOS

Agradeço a Joe Bailey Noble III, californiano residente no Brasil e professor de inglês, pela conferência da naturalidade dos exemplos; a Jonathan Hogan, parceiro dos livros **Phrasal Verbs – Como Falar Inglês Como um Americano!** e **Essential Phrasal Verbs**, por sua eterna disponibilidade para o intercâmbio de informações; a todo o pessoal da Disal Editora, pelo profissionalismo e empenho, em especial Mário Vilela, pelas observações valiosas e sugestões; e a todos os meus alunos ao longo desses anos, especialmente os mais curiosos, que com suas dúvidas e perguntas inusitadas contribuíram muito para a elaboração deste livro.

José Roberto A. Igreja

INTRODUÇÃO

How do you say... in English?
É uma pergunta que os professores de inglês ouvem sempre. Muitas vezes, as dúvidas levantadas se referem a palavras e expressões coloquiais que, num primeiro momento, até desconcertam os mestres – **foi a gota d'água, tirar conclusões apressadas, dar o fora em alguém, pular a cerca, ano bissexto, desculpa esfarrapada, dar água na boca, abusar da sorte, ralé, alma gêmea** e **leão-de-chácara** são algumas das pérolas que os alunos mais curiosos costumam apresentar na sala de aula. É aí que entra este livro, com a missão de transpor para o inglês e exemplificar mais de 500 expressões do português contemporâneo, oferecendo exemplos contextualizados, dicas proveitosas e informações culturais que facilitam a compreensão e a aplicação.

How Do You Say... in English? é objetivo e prático, tendo-se baseado na experiência de mais de 23 mil horas-aula ministradas nos mais diversos contextos. Contamos que seja um livro muito útil a todos os que estudam, ensinam ou precisam utilizar com freqüência o inglês.

Para soar mais natural em inglês
A fim de expressar-se de forma natural num idioma, é preciso não só dominar sua estrutura gramatical (que é fixa, previsível e, por isso, mais fácil de assimilar), como também estar familiarizado com as expressões coloquiais, frases fixas e combinações comuns de palavras (**collocations**), provérbios e ditados tal qual são utilizados pelos falantes nativos. **How Do You Say... in English?** é uma incursão nesse rico universo, fazendo uma correlação entre o português e o inglês e levando em consideração duas culturas diferentes – a brasileira e a americana.

Aplicar corretamente em inglês expressões como **um mar de rosas, mexer os pauzinhos** ou **dar carta branca a alguém** torna o discurso mais natural e, conseqüentemente, mais próximo daquele dos falantes nativos.

Conhecer a forma característica e idiossincrática com que um americano emprega seu idioma constitui a grande diferença entre "falar inglês como brasileiro" e "falar inglês de verdade".

Dois universos culturais distintos, duas formas de expressar-se
É natural que universos culturais distintos como são o brasileiro e o americano produzam formas de expressar-se também diferenciadas, com construções características. Embora inúmeras expressões coloquiais do português possam ser traduzidas praticamente ao pé da letra para o inglês (e vice-versa), isso nem sempre é possível. Veja nos quadros a seguir exemplos de algumas expressões que possuem equivalente literal e de outras que têm forma diferenciada.

Expressões com equivalência literal (tradução ao pé da letra)

Na ponta da língua	On the tip of one's tongue
Pegar alguém de surpresa	Take someone by surprise
Sem sombra de dúvida	Without a shadow of a doubt
Matar o tempo	Kill time
Pôr um fim em	Put an end to
Arregaçar as mangas	Roll up one's sleeves

Expressões com formas características e particulares em português e inglês

Um mar de rosas	A bed of roses
Desculpa esfarrapada	Lame excuse
A gota d'água	The last straw
Morrer de rir	Laugh one's head off
Abusar da sorte	Push one's luck
Sei lá!	Beats me!
Dou-lhe uma, dou-lhe duas...	Going once, going twice...
Bem me quer, mal me quer...	She loves me, she loves me not...

How Do You Say... in English? aborda expressões e coloquialismos de ambos os tipos que costumam surgir em sala de aula.

Benefícios deste livro

Além de solucionar dúvidas pontuais, **How Do You Say... in English?**:
» amplia o conhecimento de vocabulário e de expressões coloquiais sobre os mais variados assuntos.
» ajuda a expressar-se com mais naturalidade e a conhecer nuances que levam a uma fluência mais próxima daquela dos falantes nativos.
» facilita a compreensão de textos e diálogos coloquiais, permitindo interagir com alto grau de domínio lingüístico.
» aborda um vocabulário coloquial que normalmente não é apresentado em livros e dicionários mais convencionais.
» traz uma seleção das dúvidas de vocabulário que os alunos costumam apresentar, sendo muito recomendado para todos os que lidam com o idioma inglês, em especial para os professores que não querem ser pegos de calças curtas.

VOCABULÁRIO E EXPRESSÕES COLOQUIAIS POPULARES NO BRASIL E SEUS EQUIVALENTES NOS EUA

A gota d'água – **The last straw**

» When Fred showed up late for work for the third time in a row, his boss told him that it was the last straw and that he would have to fire him.
Quando Fred chegou atrasado ao trabalho pela terceira vez seguida, seu chefe lhe disse que aquilo era a gota d'água e que ele teria de despedi-lo.

Essa é a expressão perfeita para quando chegamos a uma situação-limite, daquelas em que não é mais possível tolerar algum acontecimento ou fato desagradável que vem se repetindo. Observe que a expressão completa "A gota d'água que faz o balde transbordar" tem sua equivalência em inglês em **The last straw that breaks the camel's back** (A última palha que quebra as costas do camelo).

A hora do rush – **The rush hour**

» I always try to leave home early so I can beat the rush hour.
Sempre procuro sair de casa cedo, para evitar a hora do rush.

» Veja também **congestionamento/engarrafamento** (p. 30), **engavetamento** (p. 44) e **uma batidinha/um arranhão** (p. 89).

A menina-dos-olhos – **The apple of one's eye**

» Fred's youngest daughter is the apple of his eye.
A filha caçula de Fred é a menina-dos-olhos dele.

A pior das hipóteses – **The worst-case scenario**

» What's the worst-case scenario if everything else goes wrong?
  Qual é a pior das hipóteses caso tudo mais dê errado?

A saideira – **One for the road**

» "Let's have one for the road!", Jack told his friends at the pub.
  "Vamos tomar a saideira!", Jack disse a seus amigos no pub.

Abrir mão de algo – **To give something up**

» You shouldn't give up your beliefs just because you married someone whose opinion is different.
  Você não deve abrir mão daquilo em que acredita só porque se casou com alguém que tem opinião diferente.

Abrir uma exceção – **To make an exception**

» I know there are rules to be followed, but can't you make an exception just this once?
  Sei que há regras a serem seguidas, mas você não pode abrir uma exceção apenas desta vez?

Abusar da sorte – **To push one's luck**

» Taking unnecessary risks is pushing you luck!
  Correr riscos desnecessários é abusar da sorte!

Acabar de fazer alguma coisa (vir de terminar uma ação) – **To have just done something**

» I've just talked to Ralph about that matter.
  Acabei de falar com o Ralph sobre aquele assunto.

» We've just had dinner.
  Acabamos de jantar.

» Peter's just left.
  Peter acabou de sair.

A estrutura do present perfect (**have** ou **has** + particípio passado do verbo principal), em conjunto com a palavra **just**, expressa com clareza a idéia de que algo acabou de ser feito.

Para dizer **terminar de fazer alguma coisa**, usa-se o verbo **to finish** seguido de outro verbo na forma de gerúndio:

» "Finish doing your homework before you go out to play", Jim's mother told him.
"Termine de fazer a lição de casa antes de sair para brincar", a mãe de Jim disse a ele.

Acabar/ficar sem gasolina, tempo, paciência, tinta, idéias etc. – **To run out of gas, time, patience, ink, ideas, etc.**

» Let's stop at that gas station. We are running out of gas.
Vamos parar naquele posto. A gasolina está acabando.

» Wait a second. I ran out of ink. I need to get another pen.
Espere um segundinho. A tinta da minha caneta acabou. Preciso pegar outra.

Esse phrasal verb, **run out of**, merece destaque, pois é bastante comum entre os falantes nativos do inglês. É importante destacar que, nesse contexto, não se utiliza com a mesma freqüência o verbo **to finish** (terminar).

» Veja também **Estou ficando sem paciência** (p. 96).

Acertar em cheio/acertar na cabeça – **To hit the nail on the head**

» Ted hit the nail on the head when he said our team lacks enthusiasm and motivation.
Ted acertou em cheio quando disse que falta entusiasmo e motivação ao nosso time.

A expressão **to hit the nail on the head** refere-se à exatidão e à clareza de opiniões emitidas por alguém, sendo portanto mais restrita do que o português "acertar em cheio".

Aconteça o que acontecer – **Come what may**

» I'll always stand by what I believe. Come what may.
Sempre serei fiel àquilo em que acredito – aconteça o que acontecer.

Afinal de contas... – **After all...**

» Why don't we let Josh handle this matter? After all, he's the expert, right?
Por que não deixamos Josh cuidar desse assunto? Afinal de contas, ele é o perito, certo?

Agiota – **Loan shark**

» You'd be a fool if you borrowed money from a loan shark. Why don't you go to a bank?
Você seria tolo se pegasse dinheiro emprestado de agiota. Por que você não vai a um banco?

Vale a pena lembrar que a palavra **shark** significa literalmente "tubarão". O título **Jaws** (nome original de **Tubarão**, o famoso filme do diretor americano Steven Spielberg) fazia referência às mandíbulas (**jaws**) protuberantes daquele animal.

Alma gêmea – **Soul mate**

» Jack says Linda is his soul mate and that they were made for each other.
Jack diz que Linda é sua alma gêmea e que eles foram feitos um para o outro.

Amaciar sapatos – **To break in shoes**

» Mike always wears his new shoes at home first to break them in.
Mike sempre usa primeiro em casa os sapatos novos, para amaciá-los.

Amamentar – **To breastfeed**

» Doctors say that children who were breastfed are usually healthier.
Os médicos dizem que as crianças que foram amamentadas são geralmente mais saudáveis.

Amarelar – **To chicken out**

» Dick was going to go hang-gliding, but then he chickened out.
Dick ia voar de asa-delta, mas aí amarelou.

» Neil had planned to ask his boss for a raise, but he chickened out.
Neil tinha planejado pedir aumento de salário ao chefe, mas amarelou.

Andar descalço – **To walk barefoot**

» Rita finds walking barefoot on the grass relaxing.
Rita acha que andar descalça na grama é relaxante.

Andar na corda bamba – **To walk a tightrope**

» Fred felt like he was walking a tightrope and that the worst could happen if he made the wrong move.
Fred sentia-se como se estivesse andando na corda bamba e que o pior poderia acontecer se ele fizesse alguma coisa errada.

Assim como em português, a expressão **to walk a tightrope** (andar na corda bamba), é usada no sentido figurado para referir-se a uma situação delicada ou perigosa com a qual temos de lidar. Observe que o adjetivo inglês **tight** (esticada) é exatamente o oposto do português "bamba".

Ano bissexto – **Leap year**

» February has twenty-nine days in leap years.
Fevereiro tem 29 dias nos anos bissextos.

Antena parabólica – **Satellite dish**

» Since they set up the satellite dish, we've been able to pick some new channels.
Desde que instalaram a parabólica, temos conseguido pegar uns canais novos.

Ao avesso – **Inside out**

» I think you've put your sweatshirt on inside out.
Acho que você vestiu o moletom do avesso.

Apertar o cinto (economizar) – **To tighten one's belt**

» We'll have to tighten our belts if the economy doesn't pick up soon.
Vamos ter de apertar o cinto se a economia não se aquecer logo.

» Veja também colocar o cinto de segurança (p. 28).

Arregaçar as mangas – **To roll up one's sleeves**

» It's time we rolled up our sleeves and got to work!
Já está na hora de arregaçarmos as mangas e começarmos a trabalhar!

Arroba (em endereços de e-mail) – **At**

» A: What's your e-mail address?
B: It's myname at mycompany dot com dot br (myname@mycompany.com.br)
A: Qual é o teu e-mail?
B: É "meu nome arroba minha empresa ponto-com ponto br".

Dizer endereços eletrônicos (**e-mail addresses**) em inglês tornou-se rotina comum para muitos executivos que lidam com empresas estrangeiras. Em inglês, o "arroba" é representado pela preposição **at**, que indica onde se está na Web. Para "ponto", usa-se **dot**.
A propósito, o **www** dos endereços de páginas da Internet é abreviação de World Wide Web, ou seja, a "grande teia mundial" de computadores. Com um pouco de imaginação, também poderia significar What a Wonderful World...

» Veja também empresa ponto-com (p. 44), planilha eletrônica (p. 73) e tecnologia de ponta (p. 85).

Arrumar espaço para – **To make room for**

» Your closet is already packed. You will have to make room for the new clothes you bought

somewhere else!
Seu armário já está lotado. Você vai ter que arrumar espaço em algum outro lugar para as roupas que comprou.

Assédio sexual - **Sexual harassment**

» Sexual harassment can be a serious problem in the workplace.
O assédio sexual pode ser um problema sério no local de trabalho.

O verbo **to harass** significa "assediar, importunar, perseguir".

Assumir a direção, o controle/tomar as rédeas - **To take over**

» Bob took over the family business after his father retired.
Bob assumiu o controle da empresa da família depois que o pai se aposentou.

Assumir a homossexualidade - **To come out of the closet**

» When Sam finally decided to come out of the closet, everyone already knew he was gay.
Quando Sam finalmente resolveu assumir a homossexualidade, todos já sabiam que ele era gay.

Nesse contexto, pode-se também usar apenas **to come out**:

» Peter came out as soon as he went to college.
Peter se assumiu tão logo entrou na faculdade.

A referência à palavra **closet** (armário) também está presente na frase **a closet homosexual**, que significa "um homossexual enrustido", ou seja, alguém que ainda não assumiu a homossexualidade ou que, literalmente, "continua no armário".

Assunto polêmico - **Controversial subject**

» This subject is extremely controversial. Why don't we talk about something else?
Esse assunto é extremamente polêmico. Por que não conversamos sobre outra coisa?

Atalho - **Short-cut**

» As the traffic on the main avenue was jammed, Bob tried to find a short-cut so he wouldn't be late for school.
Já que o trânsito na avenida principal estava congestionado, Bob tentou achar um atalho para não se atrasar para a escola.

Autodidata – **Self-taught**

» Doug is a self-taught musician. He learned how to play the guitar and the piano by himself.
Doug é músico autodidata. Ele aprendeu sozinho a tocar violão e piano.

Avisar alguém de algo – **To let someone know about something**

» Let me know if you need any help with your algebra exercises.
Me avise se precisar de ajuda com os exercícios de álgebra.

» "Could you please let me know when we get to Lexington Avenue?", Vicky asked the bus driver.
"O senhor poderia por favor me avisar quando chegarmos à avenida Lexington?", Vicky pediu ao motorista de ônibus.

Um erro comum entre os estudantes brasileiros de inglês é utilizar o verbo **to advise** com o sentido de "avisar". Na realidade, **to advise** significa "aconselhar" e não pode ser empregado naquele contexto.

O verbo **to warn** significa "avisar, na acepção de alertar", e o substantivo **warning** significa "aviso", ou seja, "alerta".

» Brad warned his nephew not to fool around with the gun as it might go off.
Brad alertou o sobrinho para não ficar brincando com a arma, pois ela poderia disparar.

» Veja também **manter alguém informado** (p. 60).

Azia – **Heartburn**

» Fred always has terrible heartburn whenever he overeats.
Fred sempre tem uma azia horrível quando come demais.

Pode até parecer um pouco estranho que **heartburn** signifique "azia", já que esta se caracteriza pela queimação no estômago ou no peito e não no coração – que é o que sugere a tradução literal de **heartburn**...

Babaca – **Asshole**

» Jay is such an asshole! I wonder why you hang around with him all the time.
Jay é tão babaca! Não sei por que você está sempre com ele.

Dickhead, **jackass** e **jerk** são alguns outros termos coloquiais com o significado próximo ao de "babaca".

Bajular – **To butter up**

» Shirley knows how to butter people up whenever she wants a favor from them.
  Shirley sabe como bajular as pessoas sempre que quer um favor delas.

» Veja também **puxa-saco** (p. 77).

Bater as botas – **To kick the bucket**

» "Did you know that old Mr. Spencer kicked the bucket?", Neil asked Fred.
  "Você soube que o velho sr. Spencer bateu as botas?", Neil perguntou a Fred.

Bater na mesma tecla – **To harp on**

» I wish you would stop harping on the same subject all the time. Don't you have anything else to say?
  Gostaria que você parasse de bater na mesma tecla o tempo todo. Você não tem mais nada para dizer?

Bater o telefone na cara de alguém – **To hang up on someone**

» Sandy can be really rude when she wants to. Can you believe she hung up on me last night?
  Sandy sabe mesmo ser mal-educada quando quer. Você acredita que ela bateu o telefone na minha cara ontem à noite?

Beliche – **Bunk bed**

» When Phil was at college, he used to share a bunk bed with another student at the campus dormitory.
Quando Phil estava na faculdade, ele dividia um beliche com outro aluno no alojamento do campus.

Bicho-papão – **Boogeyman**

» "Don't be such a baby! You know there's no such thing as the boogeyman!"
"Não seja tão infantil! Você sabe que bicho-papão não existe!"

Bico!/Fichinha!/Moleza!/Baba! – **Piece of cake!**

» Brian: How was the test this morning?
Alan: A piece of cake!
Brian: Como foi a prova hoje de manhã?
Alan: Bico!

Bijuteria – **Costume jewelry**

» Many women prefer to wear costume jewelry in these increasingly dangerous times.
Nestes tempos cada vez mais perigosos, muitas mulheres preferem usar bijuteria.

Bituca (ponta de cigarro) – **Cigarette butt**

» At the end of the party, the dance floor was covered with cigarette butts.
Ao final da festa, o piso do salão de danças estava coberto de bitucas.

Boca-livre – **Free grub**

» Too bad you didn't show up last night. You missed out on the free grub!
Que pena que você não apareceu ontem à noite – você perdeu a boca-livre!

Bode expiatório – **Scapegoat**

» They used Bob as a scapegoat, but he actually had had nothing to do with what had happened.
Usaram Bob como bode expiatório, mas na verdade ele não tinha tido nada a ver com o que havia acontecido.

Bolar – **To think up**

» We need to think up a new advertising campaign to boost sales.
Precisamos bolar uma nova campanha publicitária para aumentar as vendas.

Bolsa de estudos – **Scholarship**

» Ray won a scholarship to Michigan University for playing basketball for his college team.
Ray ganhou uma bolsa de estudos na Universidade de Michigan por jogar basquete no time da faculdade.

Bom senso – **Common sense**

» Sometimes it only takes common sense to make wise decisions.
Às vezes só é preciso bom senso para tomar decisões sensatas.

Brega/cafona – **Tacky**

» Gary has such a tacky taste in clothes!
Gary tem um gosto tão brega para roupas!

Para dizer "brega", podemos também utilizar o adjetivo **gaudy**:

» How can you wear that dress? It's so gaudy!
Como você pode usar esse vestido? Ele é tão brega!

Brincar de esconde-esconde – **To play hide and seek**

» Josh used to enjoy playing hide and seek with his friends when he was a child.
Josh gostava de brincar de esconde-esconde com os amigos quando era criança.

Burocracia – **Red tape**

» I wish they would do away with all the red tape in our company!
  Gostaria que eles eliminassem toda a burocracia em nossa empresa!

Cabeça-dura/teimoso – **Stubborn**

» Why do you always have to be so stubborn?
  Por que você sempre tem que ser tão cabeça-dura?

Cabular aula/matar aula – **To ditch classes**

» Jim's mother got mad at him when she found out he'd been ditching classes.
  A mãe de Jim ficou furiosa com ele quando descobriu que ele vinha cabulando aula.

A expressão **to cut classes**, também informal, significa o mesmo que **to ditch classes**.

» Veja também **colar em prova** (p. 28), **rachar para um exame** (p. 79) e **tomar pau** (p. 86).

Cair aos pedaços – **To fall apart**

» This dictionary of yours is falling apart. You'd better buy a new one.
  Esse seu dicionário está caindo aos pedaços. É melhor comprar um novo.

Cair em algum truque – **To fall for a trick**

» I can't believe Dave fell for such an old trick!
  Não acredito que Dave tenha caído num truque tão velho!

Cair na real – **To get real**

» "Get real! He doesn't love you anymore", Virginia said to Anne.
  "Caia na real! Ele não a ama mais", disse Virginia a Anne.

Os phrasal verbs **to wake up to** e **to wise up** transmitem uma idéia similar a to get real, significando "dar-se conta de, acordar":

» When Tom woke up to the fact that he had been deceived, it was too late.
  Quando Tom se deu conta de que havia sido enganado, já era tarde demais.

» It's about time Jeff wised up to the fact that his chances for promotion in that company are very slim.

Já está na hora de Jeff cair na real de que suas chances de ser promovido naquela empresa são muito pequenas.

Caixa eletrônico de banco – **ATM (automated teller machine)**

» I've run out of cash. I need to stop by an ATM to draw some out.
  Fiquei sem dinheiro. Preciso parar num caixa eletrônico para pegar algum.

» Veja também **fazer um doc** (p. 50).

Calar a boca – **To shut up**

» Bill is such a motormouth! I wish he would shut up for just a second.
  O Bill é tão papagaio! Eu gostaria que ele calasse a boca só por um segundo.

Calejado – **Seasoned**

» You can count on Carl to do that job properly. He's a seasoned professional.
  Pode contar com Carl para fazer aquele serviço direito. Ele é um profissional calejado.

Nesse contexto, o adjetivo **experienced** (experiente) é sinônimo bastante usual de **seasoned**.

» Veja também **novato** (p. 65).

Caloteiro – **Deadbeat**

» "Don't count on receiving today the money Fred owes you. You know he's such a deadbeat!", Gary told Jeff.
  "Não conte em receber hoje o dinheiro que Fred lhe deve. Você sabe como ele é caloteiro!", Gary disse a Jeff.

Cambista – **Scalper**

» Tickets were sold out at the ticket office, and we had no other choice but to spend more money and buy them from a scalper.
Os ingressos estavam esgotados na bilheteria, e não tivemos escolha senão gastar mais e comprá-los de um cambista.

» Veja também **esgotado (1)** (p. 118).

Camelô/marreteiro – **Street vendor**

» Tim has been working as a street vendor, selling fruit on a busy street downtown.
Tim tem trabalhado como camelô, vendendo frutas numa rua movimentada do Centro.

O termo **street vendor** não tem a mesma conotação negativa das palavras "camelô" e "marreteiro".

Canteiro de obra – **Construction site**

» As a civil engineer, Frank is used to inspecting construction sites.
Como engenheiro civil, Frank está acostumado a inspecionar canteiros de obra.

Canudinho de refresco – **Straw**

» Bob was sipping his juice through a straw.
Bob estava tomando o suco por um canudinho.

Não é à toa que nossos amigos portugueses utilizam a palavra "palha" para referir-se ao canudinho de refresco. Trata-se da tradução literal de **straw**.

Capital de giro – **Working capital**

» Working capital is essential in order to start a new business.
Capital de giro é essencial para começar um negócio.

» Veja também **matéria-prima** (p. 61) e terceirização (p. 85).

Céu da boca – **Roof of one's mouth**

» The roof of your mouth is the hard upper part inside your mouth.
O céu da boca é a parte rígida superior da boca.

» Veja também **dente do siso** (p. 38) e **dentadura** (p. 38).

Chá de cozinha – **Wedding shower**

» We are planning to give a wedding shower for Ruth.
Estamos planejando dar um chá de cozinha para Ruth.

Para referir-se a "chá de cozinha" para uma mulher que está prestes a ganhar nenê, a expressão utilizada é **baby shower**.

» Veja também **despedida de solteiro** (p. 40).

Chegar a um acordo/entrar em acordo – **To come to an agreement**

» I'm sure we can come to an agreement if only we could talk it over.
Tenho certeza de que poderemos entrar em acordo se conversarmos.

Cheque pré-datado – **Post-dated check**

» Is it okay if I give you a post-dated check to pay for these goods?
Tudo bem se eu te der um cheque pré-datado para pagar por estes produtos?

Observe que o termo inglês faz muito mais sentido que o português: quando emitimos um "pré-datado", colocamos uma data futura ("pós", ou **post**) e não anterior ("pré", ou **pre**).

» Veja também **O cheque voltou** (p. 66).

Chupeta – **Pacifier**

» The baby stopped crying as soon as we put the pacifier in his mouth.

O bebê parou de chorar assim que lhe pusemos a chupeta na boca.

A palavra **pacifier** está associada ao verbo **to pacify**, que significa "acalmar, tranqüilizar". O sufixo **er** acrescentado ao verbo indica aquele ou aquilo que acalma ou tranqüiliza o bebê – ou seja, a chupeta.
Em outro contexto, o equivalente de "chupeta" (felação) é **blowjob**.

Cobaia – **Guinea pig**

» They are asking for volunteers to be guinea pigs in their new medical research.
   Estão pedindo voluntários para serem cobaias na nova pesquisa médica.

Cobertura/apartamento de cobertura – **Penthouse**

» The view from Kate's penthouse is awesome!
   A vista da cobertura da Kate é demais!

Colar em prova – **To cheat**

» "I think it goes without saying that cheating is by all means forbidden!", said the teacher as she was handing out the tests to her students.
   "Acho que nem preciso dizer que é absolutamente proibido colar!", disse a professora enquanto distribuía as provas aos alunos.

» Veja também **cabular aula** (p. 24), **rachar para um exame** (p. 79) e **tomar pau** (p. 86).

Colocar alguém a par de alguma coisa – **To fill someone in on something**

» Thanks for filling me in on the recent events!
   Obrigado por ter-me colocado a par dos últimos acontecimentos!

Colocar no viva-voz – **To put on the speakerphone**

» "Could you please put Mark on the speakerphone so we can all listen to what he has to say?", Mr. Clark asked his secretary.
   "Você pode por favor colocar o Mark no viva-voz, para todos podermos ouvir o que ele tem a dizer?", o sr. Clark pediu à secretária.

Colocar o cinto de segurança – **To put one's seatbelts on**

» "Can you please put your seatbelts on?", the stewardess asked a passenger.
   "Coloque o cinto de segurança, por favor", a aeromoça pediu a um passageiro.

O phrasal verb **to buckle up**, mais informal, também é usado no mesmo contexto:

» **"Make sure you always buckle up as soon as you get in your car"**, Bob told Mary.
"Sempre coloque o cinto de segurança assim que entrar no carro", Bob disse a Mary.

» Veja também **apertar o cinto (economizar)** (p. 18).

Colocar os assuntos em dia – **To catch up**

» **"We should get together sometime soon and catch up"**, said Nick when he bumped into a friend he hadn't seen in years.
"A gente precisa se encontrar em breve e colocar os assuntos em dia!", disse Nick quando encontrou por acaso um amigo que ele não via fazia anos.

Para dizer "colocar o sono em dia" ou "colocar a leitura em dia", pode-se também utilizar o phrasal verb **to catch up on**:

» **Rita is not coming along with us to the club. She needs to catch up on her sleep!**
Rita não vai conosco ao clube. Ela precisa colocar o sono em dia!

» **Sam plans to stay home and catch up on his reading over the weekend.**
Sam planeja ficar em casa e colocar a leitura em dia durante o final de semana.

Com os dias contados – **On borrowed time**

» **Lately our microwave hasn't been working properly. I think it is on borrowed time.**
Ultimamente nosso microondas não tem funcionado direito. Acho que está com os dias contados.

Para referir-se a alguém que provavelmente não deve viver muito mais tempo, pode-se também usar **to be living on borrowed time**:

» **After three strokes and other medical complications, Terry's family knew that he was living on borrowed time.**
Após três derrames e outras complicações médicas, a família de Terry sabia que ele estava com os dias contados.

A expressão **one's days are numbered** é equivalente a **on borrowed time**:

» **Jack knew that if he didn't get the contract, his days at the company would be numbered.**
Jack sabia que, se não conseguisse o contrato, seus dias na empresa estariam contados.

» Roger's uncle has a terminal disease. His days are numbered.
O tio de Roger tem uma doença terminal. Seus dias estão contados.

Começar da estaca zero – **To start from scratch**

» Bill had to start from scratch after he lost most of his money in the stock market.
Bill teve de começar da estaca zero depois que perdeu a maior parte de seu dinheiro na Bolsa de Valores.

» Veja também **estar de volta à estaca zero** (p. 47).

Cometer uma gafe – **To make a blunder**

» Nick really made a blunder when he made that silly comment.
Nick realmente cometeu uma gafe quando fez aquele comentário tolo.

» Veja também **dar uma mancada** (p. 36), **pisar na bola** (p. 73) e **pôr tudo a perder** (p. 75).

Como você se atreve a...? – **How dare you...?**

» How dare you treat me like that?
Como você se atreve a me tratar assim?

Congestionamento/engarrafamento – **Traffic jam**

» One of the drawbacks of living in a big city is to have to spend hours in traffic jams during rush hour.
Uma das grandes desvantagens de morar numa grande cidade é ter de gastar horas nos congestionamentos na hora do rush.

O substantivo **jam** significa "geléia". Já o verbo **to jam** significa "emperrar" – donde o termo **traffic jam**, "trânsito emperrado", ou seja, congestionado.

» Veja também **a hora do rush** (p. 13), **engavetamento** (p. 44) e **uma batidinha/um arranhão** (p. 89).

Conhecer algo como a palma da mão – **To know something like the back of one's hand**

» Why don't you ask Doug for directions? He knows the city like the back of his hand.
Por que você não pede informações ao Doug? Ele conhece a cidade como a palma da mão.

Observe que, na expressão inglesa, usa-se o substantivo **back** (a superfície exterior da mão), e não **palm** (palma), diferentemente do que acontece em português.

Convencido – **Cocky**

» Brian became very cocky after he won the swimming contest.
   Brian ficou muito convencido depois que ganhou o campeonato de natação.

Coriza/nariz escorrendo – **Runny nose**

» Peter always gets a little cranky when he has a runny nose.
   O Peter sempre fica um pouco irritado quando tem coriza.

O verbo **to run**, que normalmente significa "correr", também pode ser "escorrer", no contexto de "nariz escorrendo":

» I need to get a tissue. My nose is starting to run.
   Preciso pegar um lenço de papel – meu nariz está começando a escorrer.

» Veja também **nariz tapado/entupido** (p. 65).

Creche – **Day care/day-care center**

» Rachel works full-time so she leaves her three-year old at day care [ou at a day-care center].
   Rachel trabalha em período integral e, por isso, deixa o filho de três anos na creche.

Cumprir um prazo – **To meet a deadline**

» You are supposed to hand in your report by Friday. Are you sure you can meet the deadline?
   Você deve entregar o relatório até sexta. Tem certeza de que consegue cumprir o prazo?

» Veja também **prazo final** (p. 76).

Curso de reciclagem/atualização – **Refresher course**

» Our company provides a refresher course every six months to keep us updated on new techniques and market trends.
   Nossa empresa ministra um curso de reciclagem a cada seis meses, para nos manter atualizados com as novas técnicas e tendências do mercado.

Custo de vida – **Cost of living**

» Salary increases have not kept up with the cost of living.
Os aumentos salariais não têm acompanhado o custo de vida.

» Veja também **poder de compra** (p. 75).

Dá para perceber, notar... – **You can tell...**

» You can tell by the look on his face that he's been crying.
Dá para perceber pela cara dele que ele esteve chorando.

Dar a volta por cima – **To bounce back**

» It's amazing how Helen managed to bounce back after all the problems she went through.
É incrível como a Helen conseguiu dar a volta por cima depois de todos os problemas que atravessou.

Dar água na boca – **To make one's mouth water**

» The smell of barbecued meat made my mouth water.
O cheiro de churrasco me deu água na boca.

O adjetivo **mouth-watering** significa "de dar água na boca":

» Though she was on a diet, Helen could not resist the restaurant's mouth-watering desserts.
Embora estivesse de regime, Helen não conseguiu resistir às sobremesas do restaurante, que eram de dar água na boca.

Dar alta a paciente em hospital – **To discharge a patient from the hospital**

» "Did you discharge that patient?", Dr. Moore asked a colleague.
"Você deu alta àquele paciente?", o dr. Moore perguntou a um colega.

» Veja também **UTI** (p. 91) e **pronto-socorro** (p. 76).

Dar aviso prévio – **To give notice**

» "According to our work contract, they are supposed to give us a month's notice before they fire us", Luke told Bert.

"De acordo com nosso contrato de trabalho, eles precisam nos dar um mês de aviso prévio antes de nos despedir", Luke disse a Bert.

Dar bronca em alguém – **To tell someone off**

» It's about time someone told Mike off. He can't just go on misbehaving like that.
Já está na hora de alguém dar uma bronca em Mike. Ele não pode simplesmente continuar a se comportar mal daquele jeito.

Dar carta branca a alguém – **To give somebody a free hand**

» Terry wishes his boss would give him a free hand so he could make decisions on his own.
Terry gostaria que seu chefe lhe desse carta branca para que pudesse tomar decisões sozinho.

Dar de cara com alguém – **To bump into someone**

» I wish I had not bumped into Mick. He's such a pain in the ass!
Gostaria de não ter dado de cara com o Mick. Ele é tão chato!

O phrasal verb **to run into** também pode ser empregado nesse mesmo contexto de **to bump into**:

» Jane ran into a friend she hadn't seen in years.
Jane topou com uma amiga que ela via fazia anos.

Dar descarga – **To flush**

» Don't forget to flush after you use the toilet.
Não se esqueça de dar descarga depois de usar o vaso sanitário.

Dar duro – **To work hard**

» Tim lives off his parents. He has never really worked hard in his life.
Tim vive à custa dos pais. Nunca chegou a dar duro na vida.

Dar em cima de – **To hit on**

» You know Charlie's reputation. They say he has hit on most of the girls in our school.
Você conhece a fama de Charlie. Dizem que ele já deu em cima da maioria das garotas na nossa escola.

» Veja também **dar uma cantada em** (p. 35).

Dar errado - **To go wrong**

» "Anything that can go wrong will go wrong." (Murphy's Law)
"Tudo que pode dar errado dará." (Lei de Murphy)

Dar gorjeta - **To tip/to give a tip**

» Mr. Andrews was so satisfied with the service at the restaurant that he tipped the waiter five dollars [ou ...that he gave the waiter a five-dollar tip].
Mr. Andrews estava tão satisfeito com o serviço no restaurante que deu cinco dólares de gorjeta ao garçom.

Tip é uma palavra bastante versátil, que também significa "ponta, extremidade" (**finger tips**; **tip of the iceberg**) e é muito utilizada na acepção de "dica":

» Thanks for the tip!
Obrigado pela dica!

Dar nos nervos - **To get on one's nerves**

» Can you tell the children to stop making so much noise? It's starting to get on my nerves!
Você pode mandar as crianças pararem de fazer tanto barulho? Está começando a me dar nos nervos!

Dar o cano/dar o bolo - **To stand someone up**

» Jenny was furious when her boyfriend stood her up once.
Jenny ficou furiosa na vez em que o namorado lhe deu o cano.

Dar o fora em alguém - **To dump someone**

» Jason could have never expected his girlfriend to dump him like that.
Jason nunca teria esperado que a namorada lhe desse o fora daquele jeito.

Dar para trás/cair fora - **To back out**

» Why didn't you think it over before you signed the contract? It's too late to back out now!
Por que não pensou bem antes de ter assinado o contrato? Agora é tarde demais para cair fora!

Dar um pulo na casa de alguém – **To drop by**

» "I'm planning to drop by Alice's later. Would you like to come along?", Sharon invited Patty.
"Estou planejando dar um pulo na casa da Alice mais tarde. Você gostaria de ir junto?", perguntou Sharon a Patty, convidando-a.

A expressão **to drop in on** significa o mesmo que **to drop by**:

» "Why don't we drop in on Mike?", James asked John.
"Por que não damos um pulo na casa de Mike", James perguntou a John. Obrigado pelo exemplo!

» Veja também **fazer uma visita** (p. 51).

Dar uma cantada em – **To make a move on**

» Harry is a confirmed womanizer. He's always trying to make a move on every girl he meets!
Harry é um mulherengo inveterado – ele está sempre tentando dar uma cantada em toda garota que encontra!

A expressão **to make a pass at** também é usada no mesmo contexto:

» Rick made a pass at Jane as soon as the others left the room.
Rick deu uma cantada em Jane tão logo os outros saíram da sala.

» Veja também **dar em cima de** (p. 33).

Dar uma de bobo/fazer-se de bobo – **To play dumb**

» You know exactly what I'm talking about. Stop playing dumb!
Você sabe exatamente do que estou falando. Pare de se fazer de bobo!

Dar uma festa – **To throw a party**

» Did you know Jeff is throwing a housewarming party next Friday night?
Você sabia que Jeff está dando uma festa para inaugurar a casa nova na próxima sexta à noite?

» Veja também **penetra (em festas)** (p. 71).

Dar uma gelada em alguém – **To give someone the cold shoulder**

» "I don't know what I have done to Ralph. He's been giving me the cold shoulder the past few days", Rachel told her friend Liza.
"Não sei o que foi que eu fiz para o Ralph. Ele vem me dando uma gelada nos últimos dias", Rachel disse a sua amiga Liza.

Dar uma mancada – **To put one's foot in one's mouth**

» Tim really put his foot in his mouth when he confused Mr. Harper's name and called him Mr. Hopper.
Tim deu mesmo uma mancada quando confundiu o nome do sr. Harper e o chamou de sr. Hopper.

» Veja também **cometer uma gafe** (p. 30), **pisar na bola** (p. 73) e **pôr tudo a perder** (p. 75).

Dar uma olhada – **To take a look**

» Take a look at that guy over there. He looks really weird, don't you think?
Dê uma olhada naquele cara ali. Ele parece mesmo estranho, você não acha?

Dar-se bem com (conviver bem) – **To get along with**

» The young couple decided to split up because they were not getting along well anymore.
O jovem casal decidiu separar-se porque os dois não estavam mais se dando bem.

De mãos abanando – **Empty-handed**

» "It's not nice to go to someone's house for the first time empty-handed. Why don't we buy them a gift?", Ann told her husband.
"Não é educado ir à casa de alguém pela primeira vez de mãos abanando. Por que não compramos uma lembrança para eles?", Ann disse ao marido.

De plantão – **On call**

» Who's the doctor on call tonight?
Quem é o medico de plantão hoje à noite?

» Veja também **dar alta a paciente** (p. 32), **pronto-socorro** (p. 76) e **UTI** (p. 91).

De ponta-cabeça – **Upside down**

» Did you know that bats sleep upside down?
Você sabia que os morcegos dormem de ponta-cabeça?

De uma vez por todas – **Once and for all**

» I think it's about time we cleared up this misunderstanding once and for all!
Acho que já está na hora de esclarecermos este mal-entendido de uma vez por todas!

De vez em quando – **Once in a while**

» Neil enjoys going to the countryside to breathe some fresh air once in a while.
De vez em quando, Neil gosta de ir ao interior para respirar ar puro.

» Veja também **quase nunca** (p. 78).

Decolar (deslanchar; ter sucesso) – **To take off**

» Rick's career as a movie director took off after he produced his third movie, which turned out to be a blockbuster.
A carreira de Rick como diretor de cinema decolou depois que ele produziu o terceiro filme, que se tornou um enorme sucesso.

Além do uso literal para referir-se a aviões, o phrasal verb **to take off** (decolar) é usado nesse sentido figurado de "deslanchar, ter sucesso".

Dedurar – **To tell on**

» "Are you sure Mike is not going to tell on us?", Dick asked his friends.
"Vocês têm certeza de que o Mike não vai nos dedurar?", Dick perguntou aos amigos.

Deixar alguém louco – **To drive someone crazy**

» Fred's not showing up on time for a date with Melissa drove her crazy.
O fato de Fred não ter chegado no horário para o encontro deixou Melissa louca.

Outra expressão utilizada nesse mesmo contexto é **to drive someone nuts**.

Deixar alguém na mão – **To leave someone high and dry**

» I'm really disappointed with Bill's attitude. I never thought he would leave us high and dry!

Estou realmente desapontado com a atitude do Bill. Nunca pensei que ele nos deixaria na mão!

O phrasal verb **to let down** significa basicamente "desapontar, decepcionar" e pode ser usado nesse contexto mais coloquial:

» Harry is a reliable friend. He's never let me down.
  Harry é um amigo confiável. Ele nunca me deixou na mão.

Deixar claro - **To make it clear**

» Jerry made it very clear that he had no intention to run for any political office.
  Jerry deixou bem claro que não tinha intenção de concorrer a cargo político algum.

Deixar p. da vida - **To piss someone off**

» You will piss our boss off if you are ever late again for a meeting.
  Você vai deixar nosso chefe p. da vida caso se atrase de novo para uma reunião.

Na forma adjetiva, podemos também usar **pissed off**.

» What are you so pissed off about?
  Por que você está tão puto?

Dentadura - **Dentures**

» I had no idea Jeff wore dentures! His teeth always looked very real to me.
  Eu não fazia idéia de que Jeff usava dentadura! Seus dentes sempre me pareceram de verdade.

O termo **false teeth** também é usado nesse contexto.

» Veja também **céu da boca** (p. 27) e **dente do siso** (p. 38).

Dente do siso - **Wisdom tooth**

» Josh needed to have one wisdom tooth removed about a year ago.
  Josh precisou extrair um dente do siso há mais ou menos um ano.

Os dentes do siso só crescem quando nos tornamos adultos e, talvez por isso, mais sensatos. Lembre-se de que tanto "siso" quanto **wisdom** significam "sensatez".

» Veja também **céu da boca** (p. 27) e **dentadura** (p. 38).

Desabafar – **To get it off one's chest**

» Why don't you tell me what your problem is? You will feel a lot better after you get it off your chest.
Por que você não me conta qual é o seu problema? Você vai sentir-se muito melhor depois que desabafar.

Descarregar irritação, mau humor (descontar em alguém) – **To take out on**

» Don't talk to Ed now. He's in a bad mood and will take it out on you.
Não fale com o Ed agora. Ele está de mau humor e vai descarregar em você.

Desculpa esfarrapada – **Lame excuse**

» I'm sick and tired of your lame excuses. The next time you show up late for work again you can consider yourself fired!
Estou farto das suas desculpas esfarrapadas. Na próxima vez que você se atrasar para o trabalho, pode se considerar despedido!

Desembucha!/Fala logo! – **Shoot!**

» Don't just stand there. If you have something to tell me, shoot!
Não fique aí parado. Se você tem algo a me dizer, desembuche!

A expressão informal **to spit it out** também pode substituir **shoot** nesse contexto.

O verbo **to shoot**, utilizado acima em sentido figurado, normalmente significa "atirar, disparar". É curioso que, devido à semelhança com o ato de empunhar e disparar uma arma, o verbo **to shoot** também seja utilizado com o significado de empunhar e "disparar" uma câmera – ou seja, filmar:

» That movie was shot in Australia.
Aquele filme foi filmado na Austrália.

Desmancha-prazeres – **Wet blanket**

» I wish Jeff would stop being such a wet blanket! Can't he let anyone have fun?
Gostaria que Jeff parasse de ser tão desmancha-prazeres! Ele não consegue deixar ninguém se divertir?

O termo **killjoy** também é usado com o mesmo significado de **wet blanket**:

» Don't be such a killjoy! We're only having a little fun.
   Não seja tão desmancha-prazeres! Nós só estamos nos divertindo um pouco.

Despedida de solteiro – **Bachelor party**

» A: How was Jerry's bachelor party?
   B: Oh, you missed out on some great fun. We got him drunk, took off his clothes and threw him naked into the swimming pool.
   A: Como foi a festa de despedida de solteiro do Jerry?
   B: Ah, você perdeu uma farra! Nós o deixamos bêbado, tiramos a roupa dele e o jogamos pelado na piscina!

» Veja também **chá de cozinha** (p. 27).

Dia sim, dia não... – **Every other day**

» Brad shaves every other day.
   Brad se barbeia dia sim, dia não.

A expressão **every other...** também pode ser usada em conjunto com **week**, **month**, **year** etc. para significar "semana sim, semana não", "mês sim, mês não", "ano sim, ano não"...

Diretoria – **Board of directors/board**

» The board will meet today to discuss a new strategy to boost sales.
   A diretoria vai reunir-se hoje para discutir uma nova estratégia para aumentar as vendas.

Discussão acirrada – **Heated argument**

» They had a heated argument about who should pay for the damages after the car crash.
   Tiveram uma discussão acirrada sobre quem deveria pagar pelo prejuízo após a batida.

» Veja também **discutir (1)** (p. 115).

Distraído – **Absent-minded**

» I wonder how Jerry can be so absent-minded. He keeps leaving his cell phone behind wherever he goes.
Não sei como o Jerry consegue ser tão distraído. Ele está sempre esquecendo o celular em todos os lugares a que vai.

Dizer o que se pensa – **To speak one's mind**

» You can't always speak your mind. Sometimes you have to keep your opinions to yourself.
Não se pode sempre dizer o que pensa. Às vezes, é preciso guardar para si as opiniões pessoais.

Dormir como uma pedra – **To sleep like a log**

» Mike was so tired that he slept like a log last night.
Mike estava tão cansado que dormiu como uma pedra ontem à noite.

» Veja também **não pregar o olho** (p. 64).

É por isso que… – **That's why…**

» Rick came down with the flu. That's why he hasn't come to work today.
Rick pegou gripe. Foi por isso que ele não veio trabalhar hoje.

É um abacaxi! – **It's a lemon!**

» Get rid of that old pick-up truck. It's a lemon!
   Livre-se daquela picape velha – ela é um abacaxi!

» That second-hand car Jane bought is a real lemon!
   Aquele carro usado que a Jane comprou é mesmo um abacaxi!

Veja que o tamanho, a cor e o sabor da fruta mudam completamente do português para o inglês. O significado não. Contudo, nessa expressão informal americana, **lemon** tem sentido mais restrito do que "abacaxi", pois o termo é normalmente utilizada para referir-se apenas a automóveis e outros mecanismos que não funcionam direito ou que costumam apresentar defeitos com freqüência.

É uma droga! – **It sucks!**

» This movie sucks! How can you go on watching it?
   Esse filme é uma droga! Como você consegue continuar a assisti-lo?

Efeito colateral – **Side effect**

» What are the side effects of this medicine?
   Quais são os efeitos colaterais deste remédio?

Ele é a cara do pai! – **He's the spitting image of his father!**

» Martha is the spitting image of her mother. She looks just like her!
   Martha é a cara da mãe. Ela é igualzinha a ela!

Em ponto (horas) – **Sharp**

» I'll pick you up at five o'clock sharp.
  Eu te pego às cinco em ponto.

No mesmo contexto, podemos também usar a expressão **on the dot**:
» Sean arrived at nine-thirty on the dot.
  Sean chegou às 9h30 em ponto.

Embrulhar para presente – **To gift-wrap**

» Would you like it gift-wrapped, sir?
  O senhor quer que embrulhe para presente?

Embutido (adjetivo) – **Built-in**

» This notebook computer comes with a built-in mouse.
  Este notebook vem com mouse embutido.

O termo **built-in** se origina da combinação do verbo **to build** (construir) com a preposição **in** (dentro), transmitindo a idéia de "construído internamente", ou seja, embutido.

Empinar papagaio – **To fly a kite**

» Josh used to enjoy flying a kite when he was younger.
  Josh gostava de empinar papagaio quando era mais novo.

Emprego sem futuro – **Dead-end job**

» Surely you don't want to be stuck in a dead-end job for the rest of your life, do you?

Certamente você não quer ficar parado num emprego sem futuro pelo resto da vida, quer?

Empresa ponto-com – **Dot-com company**

» There's a huge concentration of dot-com companies in the Silicon Valley, California.
Há uma grande concentração de empresas ponto-com no Vale do Silício, na Califórnia.

» Veja também **arroba** (p. 18), **planilha eletrônica** (p. 73) e **tecnologia de ponta** (p. 85).

Encrenqueiro – **Troublemaker**

» Ted is such a troublemaker! He's always finding fault with our work.
Ted é tão encrenqueiro! Ele está sempre implicando com o nosso trabalho.

Enfiar a faca (cobrar muito) – **To rip someone off**

» I'll never go to that store again. They rip people off there!
Nunca mais volto àquela loja. Lá eles enfiam a faca nas pessoas!

» Veja também **Isso é um roubo!** (p. 97) e **pagar os olhos da cara** (p. 68).

Engavetamento – **Pile-up**

» The heavy fog prevented drivers from seeing properly and caused a major pile-up on a country road yesterday.
A forte neblina impediu os motoristas de enxergarem direito e causou um engavetamento de grandes proporções numa estrada do interior ontem.

» Veja também **a hora do rush** (p. 13), **congestionamento/engarrafamento** (p. 30) e **uma batidinha/um arranhão** (p. 89).

Engolir (comer depressa) – **To gobble down**

» Stop gobbling down your food like that! You are going to have a stomachache!
Pare de engolir a comida assim depressa! Você vai ficar com dor de estômago!

Entrar na faca – **To go under the knife**

» Many people do not hesitate to go under the knife to improve their physical appearance.
Muitas pessoas não hesitam em entrar na faca para melhorar a aparência física.

Entrar no esquema (adaptar-se) – **To get into the swing of things**

» Everything will seem a lot easier once you get into the swing of things.
Tudo vai parecer muito mais fácil depois que você entrar no esquema.

» Veja também **pegar o jeito** (p. 71).

Envenenar motor de carro – **To soup up an engine**

» Mike's car is a lot faster since he souped it up.
O carro do Mike está muito mais rápido desde que ele envenenou o motor.

A **souped-up car** é "um carro com motor envenenado".

Escolhido a dedo – **Hand-picked**

» Mr. Wilson is very careful about the people he chooses to work in his company. All of his employees are hand-picked.
O sr. Wilson é muito cuidadoso com as pessoas que seleciona para trabalhar em sua empresa. Todos os seus funcionários são escolhidos a dedo.

Observe que, na formação da expressão em inglês, utiliza-se o substantivo **hand** (mão), e não **finger** (dedo).

Estar a fim de fazer alguma coisa – **To feel like doing something**

» "What do you feel like doing tonight?", Andy asked Rick.
"O que você está a fim de fazer hoje à noite?", Andy perguntou a Rick.

Estar atolado em trabalho – **To be swamped with work**

» I'm not going out for lunch today. I'm swamped with work!
Não vou sair para almoçar hoje. Estou atolado em trabalho!

Estar de castigo – **To be grounded**

» Steve can't go out and play today. He is grounded.
  Steve não pode sair para brincar hoje. Ele está de castigo.

Estar de licença-maternidade – **To be on maternity leave**

» Susan is on maternity leave. She'll go back to work in about three months' time.
  Susan está de licença-maternidade. Ela vai voltar a trabalhar daqui a uns três meses.

Estar de ressaca – **To have a hangover**

» No wonder Barry has such a bad hangover. He drank a whole bottle of whisky last night!
  Não é de admirar que Barry esteja com uma ressaca forte. Ele bebeu uma garrafa inteira de uísque ontem à noite!

Estar (de saco) cheio de/estar por aqui com – **To be fed up with**

» Jake is fed up with the noise in his neighborhood and plans to move somewhere else.
  Jake está [de saco] cheio do barulho em seu bairro e planeja mudar-se para outro lugar.

Outras expressões similares a **to be fed up with** são **to be sick and tired of** (ou simplesmente **to be sick of**), **to have had enough of** e **to be up to here with**:

» I'm sick (and tired) of your lame excuses!
  Estou de saco cheio das suas desculpas esfarrrapadas!

» I've had enough of Rick whining all the time. [Ou I'm up to here with Rick whining all the time.] If he's not satisfied with the way things are, maybe he should look for another job.
  Estou cheio do Rick reclamando o tempo todo. Se ele não está satisfeito com a situação, talvez devesse procurar outro emprego.

Para dizer "cheio" no sentido de "empanturrado", pode-se usar a forma adjetiva **stuffed**:

» I can't eat anything else. I'm stuffed!
  Não consigo comer mais nada. Estou cheio!

Estar de volta à estaca zero - **To be back to square one**

» I guess that after all our efforts we're back to square one!
  Acho que, após todos os nossos esforços, estamos de volta à estaca zero!

» Veja também **começar da estaca zero** (p. 30).

Estar enferrujado - **To be rusty**

» My Spanish is kind of rusty as I haven't practised it in a long time.
  Meu espanhol está meio enferrujado, porque eu não o pratico há muito tempo.

Estalar os dedos - **To crack one's knuckles**

» "Can you stop cracking your knuckles? That's bugging me!", Leo told Gary.
  "Você pode parar de estalar os dedos? Está me irritando!", Leo disse a Gary.

Esteira ergométrica - **Treadmill**

» Jeff works out on a treadmill for about an hour every morning.
  Jeff se exercita na esteira mais ou menos uma hora todas as manhãs.

Outro equipamento comum nas academias (**gyms**) é a bicicleta fixa (**exercise bike**).

» Veja também **malhar** (p. 59).

47

Estou duro/liso – **I'm broke**

» Can you lend me some money to pay for the ticket? I'm broke.
   Você pode me emprestar dinheiro para pagar o ingresso? Estou duro.

Estou morto (exausto) – **I'm beat**

» I'm beat. I just want to go home and sleep.
   Estou morto. Só quero ir para casa e dormir.

O adjetivo **bushed**, também coloquial, é usado com o mesmo significado de **beat** na acepção acima.

» Veja também **esgotado (2)** (p. 118).

Faixa de pedestres – **Crosswalk**

» Make sure you use the crosswalk to get across the street.
   Não deixe de usar a faixa de pedestres para atravessar a rua.

Na Inglaterra, usam-se os termos **zebra crossing** ou **pedestrian crossing** para referir-se à faixa de pedestres.

Favela – **Shantytown/slum**

» Mário managed to become a successful soccer player even though he was brought up in the shantytowns of Rio.
   Mário conseguiu tornar-se um jogador de futebol de sucesso embora tenha sido criado numa favela do Rio.

» Tourists are sometimes amazed to see slums so close to well-off areas in Brazilian cities.
   Os turistas às vezes ficam surpresos em ver favelas tão próximas de áreas ricas nas cidades brasileiras.

Fazer as pazes – **To make up**

» After their big fight, the young couple kissed and made up.
   Depois da briga feia, o jovem casal se beijou e fez as pazes.

Fazer bico – **To moonlight**

» Besides working as an electrician, Jim moonlights as a waiter on weekends.

Além de trabalhar como eletricista, Jim faz bico de garçom nos finais de semana.

A expressão **on the side** também é usada para referir-se a uma atividade extra remunerada:

» Gary makes some extra money on the side by working as a parking attendant in the evenings.
Gary ganha um dinheiro extra fazendo bico de manobrista à noite.

Fazer careta - **To make faces**

» Stop making faces! It's not funny anymore.
Pare de fazer caretas! Não tem mais graça.

Fazer cesta enterrando - **To dunk a basketball**

» After dribbling past two players, Ralph ran down the court, jumped up and dunked the basketball, scoring two more points for his team.
Após ter driblado dois jogadores, Ralph desceu a quadra correndo, deu um pulo e enterrou a bola na cesta, marcando mais dois pontos para seu time.

É comum ver os astros da NBA (National Basketball Association) enterrarem a bola ao final de uma acrobacia performática junto à tabela. O termo coloquial americano para o ato de "enterrar" a bola de basquete é **to dunk** ou **to slam-dunk**. A jogada em si (a "enterrada"), é chamada **slam dunk**.

Fazer de conta... - **To make believe...**

» Chuck makes believe he's a big shot in the movie industry, but we know he is not that important.
Chuck faz de conta que é um figurão na indústria do cinema, mas nós sabemos que ele não é assim tão importante.

Make-believe também pode ser usado como substantivo:

» Hank thinks Jane sometimes lives in a world of make-believe.
   Hank acha que Jane às vezes vive num mundo de faz-de-conta.

Fazer escândalo – **To make a scene**

» Stop making a scene! Everybody is looking at us.
   Pare de fazer escândalo! Estão todos nos olhando.

Fazer hora extra – **To work overtime**

» If demand for our products keeps up, we will have to work overtime.
   Se a demanda pelos nossos produtos se mantiver em alta, teremos de fazer hora extra.

Fazer jus a – **To live up to**

» "Jake does live up to his reputation as a cheapskate. He's never willing to pay for anything!", Al told his friends.
   "Jake faz mesmo jus à fama de pão-duro. Nunca está disposto a pagar nada!", Al disse aos amigos.

To live up to também transmite a idéia de "corresponder às expectativas":

» "That movie got rave reviews, but it did not really live up to my expectations", Marylin told her friend Gina.
   "Aquele filme foi muito elogiado, mas não correspondeu às minhas expectativas", Marylin disse à amiga Gina.

Fazer o possível – **To do one's best**

» Frank always does his best to be on time for his appointments.
   Frank sempre faz o possível para chegar pontualmente aos compromissos.

Fazer questão de... – **To make a point of...**

» Carol makes a point of keeping her bedroom neat.
   Carol faz questão de manter o quarto dela em ordem.

Fazer um DOC – **To make a wire transfer**

» I'm sorry, I don't have any cash on me right now. Can I make a wire transfer to your

account later today?
Desculpe, eu não tenho dinheiro comigo agora. Posso fazer um DOC para a sua conta mais tarde?

» Veja também **caixa eletrônico de banco** (p. 25).

Fazer uma visita – **To pay a visit**

» We haven't seen Fred in a long time. I think it's time we paid him a visit.
Não vemos Fred há muito tempo. Acho que está na hora de lhe fazermos uma visita.

À primeira vista, pode parecer estranho o uso do verbo **to pay** nessa expressão, já que, na grande maioria das vezes, seu significado é "pagar". **To pay** também foge a seu significado mais usual na expressão **to pay attention to** (prestar atenção em).

» Veja também **dar um pulo na casa de alguém** (p. 35).

Fazer vista grossa – **To turn a blind eye**

» We can't turn a blind eye to the shady deals going on around us anymore!
Não podemos mais fazer vista grossa para os negócios escusos [que acontecem] ao nosso redor!

Festa a fantasia – **Costume party**

» James came to the costume party dressed up as a ghost.
James veio à festa a fantasia vestido de fantasma.

A palavra **fantasy** é utilizada apenas no sentido de "fantasia mental, imaginação".

Festa beneficente – **Fund-raising party**

» They are organizing a fund-raising party to raise funds for the homeless.
Estão organizando uma festa beneficente para angariar fundos para os sem-teto.

Uma festa beneficente tem como propósito "angariar fundos" (**to raise funds**) para alguma causa específica. Daí a forma adjetiva **fund-raising**.

Ficar com as pernas bambas – **To go weak in the knees**

» Andy can't see blood. He goes weak in the knees if he does.
Andy não pode ver sangue. Fica com a pernas bambas quando vê.

Ficar de olho em – To keep an **eye on**

» Can you keep an eye on my bags while I go to the restroom?
Você pode ficar de olho nas minhas malas enquanto vou ao banheiro?

Ficar em cima do muro – **To sit on the fence**

» You'll have to take sides. You can't just sit on the fence anymore!
Você vai ter que tomar um partido. Não pode mais simplesmente ficar em cima do muro!

Ficar vermelho/corar – **To blush**

» Jeff blushed when he realized he had made a blunder.
Jeff ficou vermelho quando percebeu que tinha cometido uma gafe.

Nesse contexto, também se usa a expressão **to go red in the face**.

Filial – **Branch**

» Our company is planning to open a branch in Seattle this year.
Nossa empresa está planejando abrir uma filial em Seattle este ano.

Podemos melhor entender esse uso do termo **branch** quando lembramos que, em outro contexto, **branch** também significa "galho, ramo de árvore". Aí, fica fácil estabelecer a analogia entre "ramo" e "filial".

» Veja também **matriz/sede/escritório central** (p. 61).

Foi demais! – **It was awesome!**

» Watching those skaters do their tricks was awesome!
Ver aqueles skatistas fazerem suas acrobacias foi demais!

Fora de cogitação – **Out of the question**

» The director told us at the meeting that investing more money in a new advertising campaign was out of the question.
Na reunião, o diretor nos disse que investir mais dinheiro numa nova campanha publicitária estava fora de cogitação.

Força de vontade – **Willpower**

» It sure takes a lot of willpower to quit smoking.
É mesmo necessário muita força de vontade para largar de fumar.

» Veja também **querer é poder** (p. 144).

Funcionar – **To work**

» What's the matter with this DVD-player? Why is it not working?
Qual é o problema com este aparelho de DVD? Por que não está funcionando?

Além de traduzir-se como "trabalhar" (seu contexto mais comum), o verbo **to work** é bastante aplicado com esse significado de "funcionar".

Ganhar brincando/ganhar fácil – **To win hands down**

» We'd win hands down if we ever played against their team.
Ganharíamos fácil se jogássemos contra o time deles.

Ganhar dinheiro a rodo – **To make money hand over fist**

» Business picked up and we started to make money hand over fist.
Os negócios melhoraram, e começamos a ganhar dinheiro a rodo.

Grampear linha telefônica – **To tap**

» Susan suspected that her phone line had been tapped.
Susan desconfiava de que sua linha telefônica tivesse sido grampeada.

O substantivo **tap** também é usado com o significado de "grampo telefônico":

» The detectives had put a tap on the suspect's phone line and found out where the gang was hiding.
Os investigadores tinham colocado um grampo na linha telefônica do suspeito e descoberto onde a quadrilha estava escondida.

O termo **bug** também pode ser usado para referir-se a "grampo telefônico", mas é menos restrito, podendo ainda referir-se a um aparelho de escuta que é colocado secretamente em algum lugar. O verbo correspondente é **to bug**:

» The meeting room had been bugged by a spy, and classified information had leaked out.
A sala de reuniões havia sido grampeada, e informações confidenciais tinham vazado.

To wear a wire significa "usar aparelho de escuta escondido na roupa":

» By wearing a wire, the spy recorded secret information.
O espião gravou informações secretas usando aparelho de escuta escondido na roupa.

Gravata-borboleta – **Bow tie**

» Bow ties are not in now, but back in the fifties they were very usual.
As gravatas-borboleta não estão na moda agora, mas eram muito comuns nos anos 50.

Se pensou em usar a palavra **butterfly** para descrever esse tipo de gravata, esqueça! Em português, a gravata é assim chamada devido à semelhança com uma borboleta de asas abertas. Em inglês, porém, a comparação é com um "laço" (**bow**).

Vale a pena lembrar que o substantivo **bow** (pronúncia: /bou/) também significa "arco". Exemplo: **bow and arrow** (arco e flecha). Já o verbo **to bow** (com pronúncia bem diferente daquela do substantivo: /bau/) significa "curvar-se".

54

Guardar ressentimento – **To hold a grudge**

» It's not good to hold a grudge. Why don't you forgive him and forget what happened?
Não é bom guardar ressentimento. Por que você não o perdoa e esquece o que aconteceu?

» Veja também **Sem ressentimentos...** (p. 101).

Hidromassagem – **Jacuzzi**

» Stephanie loves to spend hours relaxing in her jacuzzi.
Stephanie adora passar horas relaxando em sua [banheira de] hidromassagem.

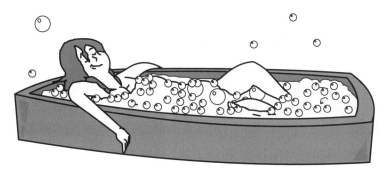

Hoje é o dia do meu rodízio – **My car's license plate is restricted today**

» I always borrow my wife's car on Wednesdays as it is the day my car's license plate is restricted.
Por causa do rodízio, sempre pego o carro da minha esposa emprestado nas quartas-feiras.

Quando os alunos perguntam **How do you say** rodízio **in English?**, em geral esperam ouvir do professor uma única palavra mágica que sane prontamente a dúvida. Mas lembre-se de que essa situação incômoda de não poder usar o carro em determinados horários uma vez por semana (situação com a qual os paulistanos convivemos) não é padrão em todos os grandes centros urbanos e, por isso mesmo, é desconhecida de muitos. Assim, a única maneira de transpor a idéia para o inglês é explicar o que significa o nosso peculiar "rodízio", como fiz naquela frase acima.

Interurbano (telefonema) – **Long-distance call**

» "There's a long-distance call for you on line four", Steve told Bill.
"Há um interurbano para você na linha 4", Steve disse a Bill.

» Veja também **trote telefônico** (p. 88) e **Desculpe, foi engano** (p. 94).

Ir à falência/ir à bancarrota – **To go bankrupt**

» If you keep losing customers like that, you are going to go bankrupt!
Se você continuar a perder fregueses assim, irá à falência!

Duas outras expressões comuns, **to go bust** e **to go under**, também são empregadas no mesmo contexto de **to go bankrupt**:

» It takes a lot more than experience to run a company and prevent it from going bust [ou ...and prevent it from going under].
É preciso muito mais do que experiência para dirigir uma empresa e evitar que ela vá à bancarrota.

» Veja também **pedir concordata** (p. 70).

Ir por água abaixo/não dar em nada – **To go down the drain**

» I just can't believe that after all our efforts the deal went down the drain!
Simplesmente não consigo acreditar que, após todos os nossos esforços, o negócio foi por água abaixo!

O phrasal verb **to fall through** também é empregado no mesmo contexto que a expressão informal **to go down the drain**.

Jogar conversa fora – **To shoot the breeze**

» Jeff enjoys spending his Saturday afternoons drinking beer and shooting the breeze.
Jeff gosta de passar as tardes de sábado bebendo cerveja e jogando conversa fora.

Outra expressão informal, **to chew the fat**, tem o mesmo significado de **to shoot the breeze**.

Largar um hábito – **To kick a habit**

» It's hard to kick old habits!
É difícil largar velhos hábitos!

A expressão **to kick the habit** é normalmente usada para referir-se a um vício prejudicial à saúde, como o fumo ou as drogas.

Leão-de-chácara – **Bouncer**

» Many nightclubs have a bouncer to throw out troublemakers.

Muitas boates têm leão-de-chácara para expulsar encrenqueiros.

O substantivo **bouncer**, formado do verbo **to bounce** (quicar, fazer saltar, pular), é usado para referir-se àquela figura, normalmente musculosa, presente em boates e danceterias e sempre disposta a colocar para fora os encrenqueiros (**troublemakers**) e outras pessoas indesejáveis, fazendo-os "quicar".

Legendas (de filme) – **Subtitles**

» Mick is glad he can now understand movies in Spanish without reading the subtitles.
Mick está contente que agora consegue entender filmes em espanhol sem ler as legendas.

A palavra **legend**, um falso cognato, significa "lenda". Para referir-se à "legenda" utilize o substantivo **subtitles**.

Levantar com o pé esquerdo – **To get up on the wrong side of bed**

» What's your problem? Did you get up on the wrong side of bed today?
Qual o problema com você? Levantou com o pé esquerdo hoje?

To get up in a bad mood, que significa literalmente "levantar de mau humor", tem significado muito próximo daquele da expressão informal **to get up on the wrong side of bed**.

Levar alguém a sério – **To take someone seriously**

» Jeff is such a joker! We never know when we can take him seriously.
Jeff é tão brincalhão! A gente nunca sabe quando deve levá-lo a sério.

Levar o cachorro para passear – **To walk the dog**

» Sally enjoys walking her dog in the afternoon.
Sally gosta de levar o cachorro para passear à tarde.

Lombada/quebra-molas – **Bump**

» Watch out for the bumps up ahead!
Cuidado com as lombadas lá na frente!

O adjetivo **bumpy** pode ser usado para descrever uma rua acidentada ou um vôo turbulento.

Mais ou menos – **More or less/So, so**

» More or less one hundred people attended the environment conference yesterday.
Mais ou menos cem pessoas participaram ontem da conferência sobre meio ambiente.

Nós, brasileiros, usamos o "mais ou menos" (essa frase "mágica") para quase todas situações em que não temos uma resposta precisa. Lembre-se de que o equivalente literal em inglês, **more or less**, nem sempre pode ser aplicado a todas as situações, já que se refere apenas a quantidades:

» A: How much does a DVD-player cost?
B: Two hundred dollars more or less. [= About two hundred dollars.]
A: Quanto custa um aparelho de DVD?
B: Mais ou menos 200 dólares.

A palavra **about**, que pode substituir **more or less**, é bastante comum no contexto acima:

» About one hundred people attended the environment conference yesterday.
Cerca de cem pessoas participaram ontem da conferência sobre meio ambiente.

Já quando a idéia não for quantidade...
» A: Are you feeling cold?
B: So, so.
A: Você está com frio?
B: Mais ou menos.

As expressões informais **kind of** e **sort of** podem substituir **so, so** nesse contexto:

Malhar (fazer exercício físico) – **To work out**

» You look out of shape. Why don't you try working out at a gym?
Você parece fora de forma. Por que não experimenta malhar numa academia?

» Veja também **esteira ergométrica** (p. 47).

Malpassado – **Rare**

Para dizer "bem-passado" e "no ponto", usa-se respectivamente os termos **well-done** e **medium**.

» Waiter: Would you like to order now, sir?
Tom: Yeah. I'd like a green salad and a medium steak, please.
Garçom: O senhor gostaria de fazer o pedido agora?
Tom: Sim. Eu queria uma salada verde e um filé no ponto, por favor.

Manda-chuva/figurão/pistolão/bambambã – **Big shot**

» Who's the big shot around here?
Quem é o manda-chuva por aqui?

Outro termo informal, **bigwig**, também é usado nesse contexto:

» **Mr. Wayne is a bigwig in the world of advertising.**
O sr. Wayne é um figurão no mundo da propaganda.

» Veja também **dar as cartas (1)** (p. 111).

Maneirar/ir com calma - **To go easy on**

» **Go easy on the salt! It's not good for your blood pressure.**
Maneire no sal! Não é bom para a sua pressão.

Manter alguém informado - **To keep someone posted**

» **Surfing the Web is a great way to keep posted on what's going on in the world.**
Acessar a Internet é ótima forma de manter-se informado sobre o que está acontecendo no mundo.

To keep someone informed tem o mesmo significado de **to keep someone posted**.

» Veja também **avisar alguém de algo** (p. 20).

Mão-de-vaca/pão-duro - **Cheapskate**

» **Larry is such a cheapskate! He's never willing to pay for anything.**
Larry é tão mão-de-vaca! Nunca está disposto a pagar nada.

O termo **tightwad**, também informal, é sinônimo de **cheapskate**.

Mas como...?! - **How come...?**

» **How come you forgot all about Helen's birthday?**
Mas como você foi esquecer o aniversário da Helen?!

Matar a fome - **To satisfy one's hunger**

» **Let's satisfy our hunger before anything else. I can't work properly on an empty stomach!**
Primeiro, vamos matar a fome. Não consigo trabalhar direito de estômago vazio!

» Veja também **morrendo de fome** (p. 96).

Matar a sede - **To quench one's thirst**

» After the hike in the woods, Bob and his friends quenched their thirst at a spring.
Após a longa caminhada pelo bosque, Bob e os amigos mataram a sede numa bica.

Matar o tempo / fazer hora - **To kill time**

» We have a half an hour to kill before the movie starts. Let's cruise around the mall.
Temos meia hora para matar antes de o filme começar. Vamos dar uma volta pelo shopping.

» Veja também **fazer hora extra** (p. 50).

Matar-se de trabalhar - **To work one's fingers to the bone**

» We work our fingers to the bone, but still our boss is never satisfied!
Nós nos matamos de trabalhar, mas mesmo assim o nosso chefe nunca está satisfeito!

Matéria-prima - **Raw material**

» Who is your main supplier of raw material?
Quem é seu principal fornecedor de matéria-prima?

» Veja também **capital de giro** (p. 27) e **terceirização** (p. 85).

Matriz/sede/escritório central - **Headquarters**

» Our company's headquarters is in Miami.
A matriz da nossa empresa é em Miami.

No contexto militar, **headquarters** (comumente abreviado para **HQ**) significa também "quartel-general".

O termo **head office** também designa o escritório principal de uma empresa:
» Where is the head office of your company located?
Onde se localiza o escritório central de sua empresa?

» Veja também **filial** (p. 52).

Mau hálito - **Bad breath**

» Jay always uses mouthwash before going out with a new girl. He says that bad breath can spoil a date.

Jay sempre usa enxaguatório bucal antes de sair com uma nova garota. Ele diz que o mau hálito pode estragar um encontro.

Meia-boca – **Cheesy**

» Harry has been living in a cheesy apartment since he lost all his money gambling.
Harry está morando num apartamento meia-boca desde que perdeu todo o dinheiro jogando.

O adjetivo **shoddy** é sinônimo de **cheesy** e pode ser usado nesse mesmo contexto.

Menstruação – **Period**

» Jane always gets a little cranky during her period.
Jane sempre fica um pouco irritada quando está menstruada.

Mesada – **Monthly allowance**

» Jim's father promised to give him a monthly allowance as long as he did well at school.
O pai de Jim prometeu lhe dar mesada desde que ele fosse bem na escola.

Mexer os pauzinhos – **To pull strings**

» Do you think you can pull some strings to speed up the shipment of our products?
Você acha que pode mexer os pauzinhos para acelerar a expedição de nossos produtos?

Mimar uma criança – **To pamper a child**

» Parents sometimes pamper their children without knowing they are doing so.
Os pais às vezes mimam os filhos sem saber que estão fazendo isso.

» Billy was pampered as a child. That's why he behaves like this today!
Billy foi mimado quando criança. É por isso que ele se comporta assim hoje!

A **pampered child** é "uma criança mimada".

O verbo **to spoil** também pode ser empregado nesse contexto:

» "If you do everything your kids want, you'll end up spoiling them", Diane told her friend Heather.
"Se você fizer tudo o que os seus filhos querem, vai acabar mimando-os", Diane disse à sua amiga Heather.

Morrer de rir – **To laugh one's head off**

» Jack laughed his head off when he saw Mike imitating their friend Bob.
Jack morreu de rir quando viu Mike imitando Bob, um amigo deles.

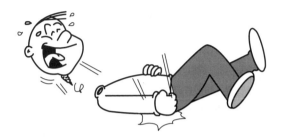

Mulherengo – **Womanizer**

» Sally knows that her husband has always been a womanizer and that he has a weakness for blondes.
Sally sabe que o marido sempre foi mulherengo e que ele tem um fraco pelas loiras.

» Veja também **dar em cima de** (p. 33) e **dar uma cantada em** (p. 35).

Na hora H – **In the nick of time**

» Jake got to the airport in the nick of time. A minute later he would have missed his plane.
Jake chegou ao aeroporto na hora H. Um minuto mais tarde, ele teria perdido o vôo.

Na ponta da língua – **On the tip of one's tongue**

» His name is on the tip of my tongue, but I just can't remember it!
O nome dele está na ponta da minha língua, mas não consigo lembrar!

Namorar firme – **To go steady**

» Did you know that Brian and Nancy are going steady? It seems that they are planning to get engaged soon.
Você sabia que Brian e Nancy estão namorando firme? Parece que estão planejando ficar noivos logo.

Para dizer apenas "namorar", use o verbo **to date**:

» Susan is dating a new guy.
Susan está de namorado novo.

Não adianta... – **It's no use...**

» It's no use whining! You'll have to do your homework now and play later.
   Não adianta choramingar! Você vai ter que fazer a lição agora e brincar depois.

Não é de admirar que... – **(It's) no wonder...**

» No wonder Bob is fat. He eats all day long!
   Não é de admirar que o Bob esteja gordo. Ele come o dia todo!

Não é do feitio dele... – **It's not like him...**

» It's not like Peter to do a poor job like that! Are you sure he was the one who did it?
   Não é do feitio de Peter fazer um serviço ruim assim! Tem certeza de que foi ele quem fez?

Não posso me dar ao luxo de... – **I can't afford to...**

» I can't afford to go to swanky restaurants all the time. They are too expensive for my pocket.
   Não posso me dar ao luxo de ir sempre a restaurantes sofisticados. Eles são caros demais para o meu bolso.

Não pregar o olho – **Not to sleep a wink**

» Cherry had a migraine and did not sleep a wink last night.
   Cherry teve enxaqueca e não pregou o olho ontem à noite.

Não ter nada a ver com... – **To have nothing to do with...**

» Leave Bill out of this! He has nothing to do with what happened.
   Deixe o Bill fora disso! Ele não tem nada a ver com o que aconteceu.

Não ter nexo/não ter pé nem cabeça/não fazer sentido – **Not to make sense**

» The story you just told me doesn't make any sense. Are you sure that's how it really happened?
   A história que você acabou de me contar não tem nexo. Você tem certeza de que foi realmente assim que aconteceu?

» "This sentence doesn't seem to make any sense to me!", said Rick.
   "Para mim esta frase não parece ter pé nem cabeça!", disse Rick.

Nariz tapado/entupido – **Stuffed-up nose**

» Tim always gets a stuffed-up nose when he has a cold.
Tim sempre fica de nariz entupido quando está resfriado.

» Veja também **coriza/nariz escorrendo** (p. 31).

Nascer em berço de ouro – **To be born with a silver spoon in one's mouth**

» Dennis is really lucky. He was born with a silver spoon in his mouth and will never have to worry about money in his life.
Dennis é mesmo sortudo. Ele nasceu em berço de ouro e nunca vai ter que se preocupar com dinheiro na vida.

Natureza-morta – **Still life**

» Some art critics regard Cézanne's still lifes as some of the best among French artists.
Alguns críticos de arte consideram as naturezas mortas de Cézanne como sendo algumas das melhores entre os artistas franceses.

Observe que o plural de **still life** é **still lifes** (e não "still lives").

» Veja também **uma obra-prima** (p. 90).

No fundo – **Deep down/deep inside**

» Deep down Jeff knew that what he was doing was wrong. [Ou Deep inside Jeff knew that what he was doing was wrong.]
No fundo, Jeff sabia que o que ele estava fazendo era errado.

As expressões **deep down** e **deep inside** referem-se a sentimentos. "Fundo", na acepção oposta à de "superfície", é **bottom**.

» "Voyage to the Bottom of the Sea" was a well-known TV series in the early seventies.
Viagem ao Fundo do Mar era um seriado famoso no começo da década de 70.

Novato – **Rookie**

» Even though Fred is just a rookie in the real estate business, he shows great talent and will certainly have a brilliant career.
Embora Fred seja apenas novato no ramo imobiliário, ele demonstra bastante talento e terá certamente uma carreira brilhante.

» Veja também **calejado** (p. 25).

Novela – **Soap opera/soap**

» Jane loves to watch soaps [ou soap operas] at night.
Jane adora assistir novelas à noite.

Assistir novelas é um dos passatempos nacionais mais arraigados. Entre os alunos, é erro comum utilizar a palavra **novel** para referir-se à nossa tão tradicional telenovela (por sinal exportada para vários países). A palavra **novel** significa "romance", o gênero de livro.

Se os americanos usam a palavra **soap** para referir-se a "telenovela", é por que lá as primeiras novelas eram patrocinadas por fabricantes de sabão.

O termo **sitcom** (abreviação de **situation comedy**) é bastante usado atualmente nos EUA para referir-se aos seriados humorísticos de TV em que as mesmas personagens aparecem em situações diferentes a cada programa.

Novinho em folha – **Brand-new**

» The Johnsons are excited about moving into their brand-new house.
Os Johnson estão animados em mudar para a casa novinha em folha [que adquiriram ou construíram].

O cabeça/o mentor de uma trama ou complô – **Mastermind**

» The police suspects Brian of being the mastermind of the recent plot against the prime minister.
A polícia suspeita que Brian seja o cabeça do recente complô contra o primeiro-ministro.

O cheque voltou – **The check bounced**

» If I were you I'd ask Bill to pay cash. You never know if his check will bounce again.
Se eu fosse você, pediria ao Bill para pagar em dinheiro. Nunca se sabe se o cheque dele vai voltar outra vez.

Esse é mais um bom exemplo do fato de que a tradução literal nem sempre funciona. As formas verbais **returned** ou **came back,** ambas com o significado de "voltar", não são apropriadas para esse contexto.

» Veja também **cheque pré-datado** (p. 27).

O melhor partido (como namorado, cônjuge etc.) - **The best catch**

» Most girls consider Paul the best catch at school.
A maioria das garotas consideram Paul o melhor partido da escola.

O sucesso subiu à cabeça - **Success went to one's head**

» Jeff started to act very weird after his song became a hit and success went to his head.
Jeff começou a agir de modo estranho depois que sua música virou um hit e o sucesso lhe subiu à cabeça.

Olho mágico - **Peephole**

» Make sure you check through the peephole who is knocking before you unlock the door.
Antes de destrancar a porta, não deixe de checar pelo olho mágico quem está batendo.

ONG (organização não-governamental) - **NGO (non-governmental organization)**

» Marylin runs a non-governmental organization that defends the rights of animals.
Marylin dirige uma ONG que defende os direitos dos animais.

Organização sem fins lucrativos - **Non-profit organization**

» Jim does volunteer work for a non-profit organization that raises funds for the needy.
Jim faz trabalho voluntário para uma organização sem fins lucrativos que angaria fundos para os necessitados.

Otário – **Sucker**

» Only a sucker would fall for an old trick like that!
Só um otário cairia num truque velho como aquele!

Pagar os olhos da cara/pagar uma nota – **To pay through the nose**

» Jerry paid through the nose to have his computer fixed, and it is still acting up!
Jerry pagou os olhos da cara pelo conserto do computador, e este ainda está apresentando defeito!

» Veja também **enfiar a faca** (p. 44) e **Isso é um roubo!** (p. 97).

Para garantir – **To be on the safe side**

» It might rain. Let's take an umbrella to be on the safe side.
Talvez chova. Vamos levar um guarda-chuva só para garantir.

A expressão **just in case** também é usada nesse contexto:

» I'm not very familiar with the area so I'll bring a map just in case.
Não estou muito familiarizado com a região; então, trarei um mapa só para garantir.

Para variar – **For a change**

» I'm sick of fast food. Can we have a real meal for a change?
Já estou cheio de fast food. Será que podemos comer uma refeição de verdade só para variar?

Paradeiro – **Whereabouts**

» The police still have no clues whatsoever as to the hostage's whereabouts.

A polícia ainda não tem nenhuma pista sobre o paradeiro do refém.

Partir o coração – **To break one's heart**

» Seeing homeless people simply breaks Melissa's heart.
Ver pessoas sem teto simplesmente parte o coração de Melissa.

Passageiro clandestino – **Stowaway**

» Two stowaways were turned in to the coastguard authorities as soon as the ship reached the harbor.
Dois passageiros clandestinos foram entregues às autoridades da Guarda Costeira assim que o navio alcançou o porto.

Passar para a história – **To go down in history**

» The Beatles have gone down in musical history as one of the best bands ever.
Os Beatles passaram para a história musical como uma das melhores bandas de todos os tempos.

Passar pela cabeça – **To cross one's mind**

» I can't believe such a crazy idea really crossed your mind!
Não posso acreditar que uma idéia tão maluca realmente passou pela sua cabeça!

Pau-para-toda-obra – **Jack-of-all-trades**

» Brian can sing, play the guitar and the piano and still compose. When it comes to music, he's a jack-of-all-trades, really!
Brian sabe cantar, tocar violão e piano e ainda compor. No que diz respeito à música, ele é mesmo pau-para-toda-obra!

É importante destacar que, na íntegra, a expressão original é **Jack of all trades, master of none**, cujo significado é "Faz de tudo um pouco, mas nada direito". Lembre-se de que, para passar a idéia positiva de "pau-para-toda-obra", deve-se utilizar apenas a primeira parte da expressão (**Jack-of-all-trades**).

Pedir concordata – **To file for chapter 11**

» Companies in financial difficulties sometimes have no other choice but to file for chapter 11 and try to bounce back.
Empresas em dificuldades econômicas às vezes não têm escolha senão pedir concordata e tentar recuperar-se.

No Reino Unido, a expressão similar é **to request bankruptcy protection**.

» Veja também **ir a falência/ir à bancarrota** (p. 56).

Pegar (entrar na moda) – **To catch on**

» That new hairstyle caught on really fast!
Aquele novo penteado pegou rápido mesmo!

Pegar alguém de surpresa – **To take someone by surprise**

» We were all taken by surprise when Mr. Thompson decided to resign, after being with the company for over fifteen years.
Fomos todos pegos de surpresa quando o sr. Thompson decidiu demitir-se após mais de 15 anos na empresa.

Pegar em flagrante/pegar no flagra – **To catch somebody red-handed**

» Robbin did not expect to be caught red-handed cheating on the exam.
Robbin não esperava ser pego em flagrante colando durante o exame.

A expressão **to catch somebody in the act** (pegar alguém no ato) possui significado muito próximo daquele de **to catch somebody red-handed**, sendo também usual no mesmo contexto.

Pegar no pé de alguém – **To pick on someone**

» I wish you would stop picking on me all the time!
Gostaria que você parasse de pegar no meu pé o tempo todo!

» Veja também **Larga do meu pé!** (p. 97).

Pegar o jeito – **To get the hang of it**

» When I first took up tennis I was a terrible player, but I soon got the hang of it.
Quando comecei a praticar tênis, eu era péssimo jogador, mas logo peguei o jeito.

» Veja também **entrar no esquema (adaptar-se)** (p. 45).

Pegar um bronze – **To get a tan**

» Lying by the pool and getting a tan is one of Susan's favorite pastimes.
Ficar deitada perto da piscina e pegar um bronze é um dos passatempos preferidos de Susan.

Além de **to get a tan or a suntan** (que faz referência direta ao bronzeado), podemos usar o verbo **to sunbathe** (tomar banho de sol):

» I wish I could go to the park to sunbathe next weekend.
Eu gostaria de poder ir ao parque tomar banho de sol no próximo final de semana.

Penetra (em festas) – **Gatecrasher**

» The Wilsons hired a bouncer to make sure gatecrashers were kept outside.
Os Wilson contrataram um leão-de-chácara para terem certeza de que os penetras ficariam do lado de fora.

Do substantivo **gate** (portão) e do verbo **to crash** (invadir, "furar").

A expressão coloquial **to crash a party** significa "aparecer ou entrar numa festa sem ser convidado":

» "I can't believe you crashed Jane's party last night", Bob told his friend Jim.
"Não acredito que ontem à noite você foi à festa da Jane sem ter sido convidado", Bod disse a seu amigo Jim.

» Veja também **dar uma festa** (p. 35).

Perder a conta de... - **To lose track of...**

» Walter travels to Europe on business so often that he has lost track of how many times he's been there.
Walter viaja para a Europa a negócios com tanta freqüência que já perdeu a conta de quantas vezes esteve lá.

Periferia - **Outskirts**

» The Smiths have always lived on the outskirts of London.
Os Smith sempre moraram na periferia de Londres.

O termo **outskirts** não tem a conotação negativa freqüentemente atribuida à palavra "periferia" em português, referindo-se apenas às regiões urbanas periféricas, ou seja, mais distantes do centro.

Pilotar um avião - **To fly a plane**

» Can you fly a plane?
Você sabe pilotar avião?

Embora o substantivo **pilot** seja usado para referir-se ao piloto de uma aeronave, não é comum utilizar o verbo **to pilot** para dizer "pilotar avião".

Veja também **piloto de corrida** (p. 72).

Piloto de corrida - **Race car driver**

» Ayrton Senna will remain in our memories as one of the best formula 1 drivers of all times.
Ayrton Senna permanecerá em nossas lembranças como um dos melhores pilotos de Fórmula 1 de todos os tempos.

Para dizer "piloto de corrida", independentemente da categoria, o substantivo correto é **driver**, e não **pilot**. **Pilot** é usado para referir-se a piloto de avião, navio e nave espacial.

» Veja também **pilotar um avião** (p. 72).

Pintar o sete – **To paint the town red**

» Rick loves to party. He and his friends usually go out on Saturday nights and paint the town red!
Rick adora festejar. Ele e os amigos geralmente saem nos sábados à noite e pintam o sete!

A expressão **to paint the town red** é mais restrita do que o português "pintar o sete", pois normalmente está associada a festas, comemorações ou divertimento em que há grande consumo de bebida alcoólica.

Pisar na bola – **To screw up**

» Dick has already screwed up big time before, so we'd better leave him out of our plans.
Dick já pisou na bola feio antes; assim, é melhor deixá-lo fora dos nossos planos.

» Veja também **cometer uma gafe** (p. 30), **dar uma mancada** (p. 36) e **pôr tudo a perder** (p. 75).

Planilha eletrônica – **Spreadsheet**

» At first Pete found spreadsheets too complicated to work with, but he soon got the hang of it.
De início Pete achava complicado demais trabalhar com planilhas eletrônicas, mas logo pegou o jeito.

» Veja também **arroba** (p. 18), **empresa ponto-com** (p. 44) e **tecnologia de ponta** (p. 85).

Plantar bananeira – **To do a handstand**

» Learning how to do a handstand requires a good deal of practice!
Aprender a plantar bananeira requer muita prática!

Veja que, em inglês, a descrição desse movimento é literal, já que o **hand** e **stand** (os dois componentes que formam o termo **handstand**) sugerem a idéia de apoiar-se sobre as mãos.

Pneu careca – **Worn-out tire/bald tire**

» Your tires are worn out. [Ou Your tires are bald.] It's about time you got new ones.
Seus pneus estão carecas. Já está na hora de comprar novos.

O adjetivo **bald** é o mesmo utilizado para referir-se a pessoas:

» Mr. Wilson started going bald when he was in his forties.
O sr. Wilson começou a ficar careca quando estava na casa dos 40.

Por conta da casa – **On the house**

» When the bartender announced that customers could have a drink on the house, people started to line up at the counter.
Quando o barman anunciou que os fregueses poderiam tomar um drinque por conta da casa, as pessoas começaram a fazer fila no balcão.

Podemos também dizer **on me** (por minha conta). A expressão informal **my treat** também é bastante usual e equivalente a **on me**:

» "Let's go out to dinner. My treat!", Dave invited his friends.
"Vamos sair para jantar. Por minha conta!", disse Dave, convidando os amigos.

Por debaixo do pano – **Under the table**

» They suspect that one of the customs officers has been given money under the table to speed up the release of the goods.
Eles suspeitam que um dos oficiais da alfândega recebeu dinheiro por debaixo do pano para acelerar a liberação dos produtos.

Pôr o pé na estrada – **To hit the road**

» Come on, we're late. Let's hit the road!
Vamos, estamos atrasados. Vamos pôr o pé na estrada!

Pôr os toques finais em – **To put the finishing touches on**

» Gary is putting the finishing touches on his new novel, which is supposed to come out soon.
Gary está dando os toques finais no seu novo romance, que deve sair logo.

Pôr tudo a perder – **To blow it**

» Jake really blew it when he showed up half an hour late for his job interview!
Jake realmente pôs tudo a perder quando apareceu meia hora atrasado para a entrevista de emprego!

» Veja também **cometer uma gafe** (p. 30), **dar uma mancada** (p. 36) e **pisar na bola** (p. 73).

Pôr um ponto final em/pôr um fim em – **To put an end to**

» "It's about time we put an end to all this gossip!", said the boss at the office.
"Já está na hora de colocarmos um ponto final em toda essa fofoca!", disse o chefe no escritório.

Poder de compra – **Buying power**

» Many people complain that their buying power has been decreasing in the past few years.
Muitas pessoas se queixam de que seu poder de compra tem decaído nos últimos anos.

» Veja também **custo de vida** (p. 32).

Ponteiro de relógio – **Hand**

O substantivo **hand**, que em seu contexto mais comum significa "mão", também é empregado para referir-se ao ponteiro das horas (**hour hand**) e ao ponteiro dos minutos (**minute hand**).

Pouso de emergência – **Crash-landing**

» After a dramatic crash-landing, the passengers were evacuated from the plane through the emergency exit.

Após um dramático pouso de emergência, os passageiros foram evacuados do avião pela saída de emergência.

» Veja também **trem de pouso** (p. 87).

Prazo final – **Deadline**

» The deadline for handing in the assignment is tomorrow. Make sure you don't miss it!
O prazo para a entrega do trabalho é amanhã. Veja lá se não vai perdê-lo!

» Veja também **cumprir um prazo** (p. 31).

Procuração – **Power of attorney**

» The president of the company gives one of the directors the power of attorney so he can sign documents for him whenever he is away on a business trip.
O presidente da empresa passa procuração a um dos diretores para que ele possa assinar documentos por ele sempre que sai em viagem de negócios.

Pronto-socorro – **ER (emergency room)**

» The car accident victim was rushed to the ER of a nearby hospital, where he was promptly taken care of.
A vítima do acidente de carro foi rapidamente levada ao pronto-socorro de um hospital próximo, onde a atenderam de imediato.

» Veja também **UTI** (p. 91).

Propina – **Kickback**

» The buyer of the company suggested that he could give us the contract in exchange for a kickback.

O comprador da empresa deu a entender que poderia nos dar o contrato em troca de propina.

Pular a cerca (trair namorado ou cônjuge) – **To fool around**

» Ralph has never been faithful to his wife. He's always fooling around with other women.
Ralph nunca foi fiel à esposa. Ele está sempre pulando a cerca com outras mulheres.

Outro phrasal verb relativo ao tema é **to cheat on**, que significa "trair a esposa, o marido etc.":

» Melissa suspects that her husband has been cheating on her.
Melissa desconfia de que o marido a tem traído.

Puxar alguém da família – **To take after someone in the family**

» Pete does take after his father. He's as stubborn as his father is.
Pete puxa mesmo o pai. Ele é tão teimoso quanto ele.

Puxar conversa – **To strike up a conversation**

» Barry struck up a conversation with a girl sitting next to him on the subway.
Barry puxou conversa com uma garota que estava sentada ao lado dele no metrô.

Puxa-saco – **Brown-noser**

» Stop being such a brown-noser! Flattery will get you nowhere.
Deixa de ser tão puxa-saco! Adulação não vai te levar a nada.

O termo **apple-polisher** também é usado nesse contexto.

» Veja também **bajular** (p. 21).

Quanto mais... mais... – **The more... the more...**
Quanto mais... menos... – **The more... the less...**
Quanto menos... menos... – **The less... the less...**
Quanto menos... mais... – **The less... the more...**

» The more I see you, the more I love you.
Quanto mais te vejo, mais te amo.

» The more I think about politics, the less I understand.
Quanto mais penso sobre política, menos entendo.

» The less you work, the less you feel like working.
   Quanto menos você trabalha, menos tem vontade de trabalhar.

» The less I see you, the more I miss you.
   Quanto menos te vejo, mais sinto saudades tuas.

Nas construções acima, ao utilizarmos "adjetivos curtos" em vez de **the more**, teremos o sufixo **er** acrescido ao adjetivo:

» The older we get, the wiser we become.
   Quanto mais velhos ficamos, mais sábios nos tornamos.

» The sooner we get there the better.
   Quanto antes chegarmos lá, melhor.

Quase nunca – **Once in a blue moon**

» As Burt's in-laws live very far away, he only visits them once in a blue moon.
   Como a família da esposa de Burt mora muito longe, ele quase nunca os visita.

Os advérbios **very seldom** e **hardly ever**, menos informais, também são muito usados nesse contexto.

Que bom que.../Ainda bem que... – **Good thing.../It's a good thing...**

» Good thing it all turned out fine in the end! [Ou It's a good thing it all turned out fine in the end!]
   Que bom que deu tudo certo no final!

Quebrar (carros, máquinas etc.) – **To break down**

» "This is the second time your old car broke down this month. Don't you think it's about time you got a new one?", Al asked Steve.
   "É a segunda vez que seu carro velho quebra este mês. Você não acha que já está na hora de comprar um novo?", Al perguntou a Steve.

» "I can't believe my printer broke down again!", said Ted.
   "Não acredito que minha impressora tenha quebrado outra vez!", disse Ted.

Observe que nessa acepção o verbo **to break**, referindo-se a carros ou máquinas em geral, vem normalmente acompanhado da preposição **down**.

Quebrar a cabeça – **To rack one's brain(s)**

» Bob racked his brains trying to figure out the solution to the puzzle.
  Bob quebrou a cabeça tentando encontrar a solução do quebra-cabeça.

Quebrar o galho – **To make do**

» We didn't have any sugar to sweeten our tea so we had to make do with honey.
  Não tínhamos açúcar para adoçar o chá e, assim, tivemos de quebrar o galho com mel.

O uso de **to make do** é apenas uma alternativa abrangente para a idéia de "quebrar o galho". Em outros contextos, poderemos usar outras expressões, como neste exemplo:

» Frank always helps me out whenever I need anything.
  Frank sempre quebra o meu galho quando preciso de alguma coisa.

» Veja também **virar-se** (p. 91) e **Quem não tem cão caça com gato** (p. 144).

Rachar a conta – **To go dutch**

» "Let's go dutch!", Susan told Bob when the waiter brought them the check.
  "Vamos rachar!", Susan disse a Bob quando o garçom trouxe a conta.

A expressão **to go dutch** normalmente se restringe ao sentido de "rachar contas de refeições".

Outra expressão alternativa, esta mais genérica, é **to split the bill**.

Rachar para um exame – **To cram for an exam**

» You'd better cram for your finals if you really plan to graduate this year.
  É melhor você rachar para os exames finais se realmente pretende se formar este ano.

» Veja também **cabular aula** (p. 24), **colar em prova** (p. 28) e **tomar pau** (p. 86).

Ralé – **Riffraff**

» Upper-class people don't usually like to mingle with the riffraff.
Pessoas da classe alta geralmente não gostam de misturar-se com a ralé.

» Veja também **Ele faz parte da nata** (p. 95).

Ramal de um número telefônico – **Extension (number)**

» What's the extension for the HR department?
Qual é o ramal do departamento de RH?

» "Can I have extension 215, please?", Brad asked the operator.
"Ramal 215, por favor", Brad pediu à telefonista.

Rato de biblioteca – **Bookworm**

» Ralph is a real bookworm. He loves to spend hours in bookshops and libraries.
Ralph é mesmo um rato de biblioteca. Ele adora passar horas em livrarias e bibliotecas.

Realizar um sonho – **To fulfill a dream**

» When Rick got off the plane in Italy, he could hardly believe he was fulfilling his long-time dream of visiting Rome.
Quando Rick desceu do avião na Itália, ele mal pôde acreditar que estava realizando seu velho sonho de visitar Roma.

A expressão **a dream come true** é usada para referir-se a um sonho que se tornou realidade:

» Visiting Rome was a dream come true for Rick.
Visitar Roma foi para Rick um sonho que se tornou realidade.

Recém-casados – **Newlyweds**

» The newly-weds are spending their honeymoon in Hawaii.
Os recém-casados vão passar a lua-de-mel no Havaí.

» Veja também **casamento (1) e (2)** (p. 108), **noivo (1) e (2)** (p. 128) e **noiva (1) e (2)** (p. 128-9).

Retirar o que foi dito – **To take it back**

» Diane was furious with Tom and demanded that he take back what he had said about her.
Diane ficou furiosa com Tom e exigiu que ele retirasse o que tinha dito sobre ela.

» Veja também **voltar atrás no que foi dito** (p. 92).

Revelar filme de máquina fotográfica – **To develop a film**

» It takes them only an hour to develop films these days!
Hoje em dia, leva apenas uma hora para revelar filmes!

Para referir-se à revelação de filme fotográfico, o verbo utilizado é **to develop**. Já o verbo **to reveal** só é usado no contexto de "revelar um segredo".

Revezar-se – **To take turns**

» Fred and Bill took turns driving the car from New York to Boston.
Fred e Bill se revezaram dirigindo o carro de Nova York a Boston.

» Veja também **É a sua vez** (p. 94).

Reviravolta – **Turmoil**

» Many companies were unable to bounce back from the economic turmoil and went bankrupt.
Muitas empresas não conseguiram recuperar-se da reviravolta econômica e faliram.

O termo **turmoil** é freqüentemente usado para referir-se a um estado de confusão política, econômica ou emocional.

Rua sem saída – **Dead-end street**

» "Don't turn left here. That's a dead-end street", Mike told Paul.
"Não vire à esquerda aqui. É uma rua sem saída", Mike disse a Paul.

O termo de origem francesa **cul-de-sac** (significando literalmente "fundo do saco") também é utilizado nos EUA para designar uma rua sem saída que, entretanto, dispõe de uma área onde se pode fazer o retorno.

Saber de cor – **To know by heart**

» Patrick's memory is amazing. He knows all his friends' phone numbers by heart!
A memória do Patrick é incrível. Ele sabe de cor todos os telefones de seus amigos!

Observe que o componente **by heart** corresponde mesmo a "de cor" (corruptela do termo "de coração").

» Veja também **decorar (1) e (2)** (p. 113).

Sair correndo/sair voando – **To take off**

» What happened to Jake? He took off as if he had seen a ghost!
O que aconteceu com Jake? Ele saiu voando como se tivesse visto um fantasma!

Sair de fininho – **To sneak away**

» Why is it that Tom always sneaks away whenever there's work to be done?
Por que será que Tom sempre sai de fininho quando há trabalho a fazer?

» "I can't believe Tim sneaked away just when I needed him most!", said Ann.
"Não acredito que o Tim saiu de fininho justamente quando eu mais precisava dele!", disse Ann.

São e salvo – **Safe and sound**

» After a bumpy flight, Jim was glad they had landed at the airport safe and sound.
Após um vôo turbulento, Jim estava contente por terem aterrissado sãos e salvos no aeroporto.

Secretária eletrônica – **Answering machine**

» Some people don't like to leave messages on answering machines.
Algumas pessoas não gostam de deixar recado em secretária eletrônica.

Resista à tentação de dizer "electronic secretary", coisa que, pelo menos até o presente momento, não existe. Quem sabe algum dia ainda inventam uma autômata que possa estar sempre à nossa disposição e seja então batizada com aquele nome...

Segurar vela – **To be the third wheel**

» Ann invited me to go to the movies, but since her boyfriend was going too, I didn't want to be the third wheel.
Ann me convidou para ir ao cinema, mas, como o namorado dela também ia, eu não quis segurar vela.

» Veja também **vela (1) e (2)** (p. 140).

Sei lá! – **Beats me!**

» Barry: What does the acronym LASER* mean?
Jay: Beats me! Try looking it up in a dictionary.
Barry: O que a abreviação LASER significa?
Jay: Sei lá! Tente procurar num dicionário.

* LASER: Light Amplification Stimulated by the Emission of Radiation.

Search me! é outra expressão informal com o mesmo significado de **Beats me!**.

Sem sombra de dúvida – **Without a shadow of a doubt**

» We can't afford to let Tom go. He is without a shadow of a doubt one of our best salesmen.
Não podemos nos dar ao luxo de perder Tom. Ele é, sem sombra de dúvida, um dos nossos melhores vendedores.

» Veja também **sombra (1) e (2)** (p. 137).

Ser chegado em/ser ligado em alguma coisa – **To be into something**

» Paul is not into sci-fi. He prefers comedies.
Paul não é chegado em ficção científica. Ele prefere comédias.

Ser macaco velho em alguma coisa – **To be an old hand at something**

» Why don't you ask Larry to teach you how to play chess? He's an old hand at this game.
Por que não pede ao Larry para ensinar você a jogar xadrez? Ele é macaco velho nesse jogo.

Ser um pé no saco – **To be a pain in the neck/ass**

» That guy is a pain in the neck! I'd do anything to avoid talking to him.
Aquele cara é um pé no saco! Eu faria qualquer coisa para evitar falar com ele.

» Getting up early in the winter is a pain in the ass!
Acordar cedo no inverno é um pé no saco!

Note que, do português para o inglês, a região do corpo muda do saco para o pescoço (**neck**) ou a bunda (**ass**, com conotação muito mais ofensiva).

Só o tempo dirá – **Only time will tell**

» I guess only time will tell if we are right or wrong.
Acho que só o tempo dirá se estamos certos ou errados.

Observe que se utiliza o verbo **to tell** (contar) e não **to say** (dizer). O mesmo acontece na tradução inglesa da frase "dizer a verdade", que é **to tell the truth**.

Soltar sob fiança – **To release on bail**

» After spending two nights in jail, Burt was released on bail.
Após ter passado duas noites na cadeia, Burt foi solto sob fiança.

Tecnologia de ponta – **State-of-the-art technology**

» State-of-the-art technology in computers is available to anyone who can afford it these days.
Hoje em dia, a tecnologia de ponta em computadores está disponível para qualquer um que possa pagar.

O termo **cutting-edge technology** também pode ser empregado no mesmo contexto.

» Veja também **arroba** (p. 18), **empresa ponto-com** (p. 44) e **planilha eletrônica** (p. 73).

Ter medo de altura – **To be afraid of heights**

» I could never live on the fifteenth floor. I'm afraid of heights!
Eu nunca poderia morar no 15º andar. Tenho medo de altura!

Observe que, na expressão em inglês, o equivalente do substantivo "altura" fica no plural (**heights**).

Terceirização – **Outsourcing**

» Outsourcing of non-core activities is a usual practice among many companies nowadays.
A terceirização das atividades não-principais é prática comum em muitas empresas hoje.

Para traduzir o verbo "terceirizar", use **to outsource**:

» Many companies prefer to concentrate on their core business and outsource other departments.
Muitas empresas preferem concentrar-se em suas atividades principais e terceirizar outros departamentos.

Tirar conclusões apressadas – **To jump to conclusions**

» We'd better not jump to conclusions! Let's listen to both sides of the story first.
É melhor não tirarmos conclusões apressadas! Vamos primeiro ouvir os dois lados da história.

» Veja também **precipitar-se** (p. 102).

Tirar um barato/tirar um sarro – **To make fun of**

» Stop making fun of Mike. You are going to give him an inferiority complex!
  Parem de tirar sarro do Mike. Vocês vão deixá-lo com complexo de inferioridade!

Tirar uma soneca – **To take a nap**

» I'm feeling so tired. I think I'm going to take a nap!
  Estou me sentindo tão cansado. Acho que vou tirar uma soneca!

Tiroteio – **Shoot-out**

» Everyone ran for cover when the shoot-out began.
  Todos correram para proteger-se quando o tiroteio começou.

Tocar um negócio/cuidar de um negócio – **To run a business**

» Who's running the gym since the previous manager resigned?
  Quem está cuidando da academia desde que o gerente anterior se demitiu?

Tomar pau – **To flunk**

» Paul flunked in all his subjects at school but English.
  Na escola, Paul tomou pau em todas as matérias menos inglês.

» Veja também **cabular aula** (p. 24), **colar em prova** (p. 28) e **rachar para um exame** (p. 79).

Tomar posse – **To take office**

» When is the new mayor going to take office?
  Quando o novo prefeito vai tomar posse?

Toque de recolher – **Curfew**

» The local government decided to impose a curfew due to the recent terror attacks.
O governo local decidiu baixar um toque de recolher devido aos recentes ataques terroristas.

Torrar grana/gastar à toa – **To blow money**

» I wonder how Bill managed to blow one hundred thousand dollars in such a short time!
Gostaria de saber como Bill conseguiu torrar 100 mil dólares em tão pouco tempo!

O verbo **to squander** (esbanjar), menos informal, também pode ser usado nesse contexto.

Transado/legal – **Cool**

» That's a cool T-shirt you're wearing. Where did you get it?
Que camiseta transada você está usando! Onde você a comprou?

Trem de pouso – **Landing gear**

» The plane did not take off on time because of a problem with the landing gear.
Por causa de um problema com o trem de pouso, o avião não decolou no horário previsto.

» Veja também **pouso de emergência** (p. 75).

Três dias seguidos – **Three days in a row**

» After three rainy days in a row, the weather seems to be finally clearing up.
Após três dias de chuva seguidos, o tempo parece estar finalmente clareando.

A expressão acima pode ser empregada em conjunto com outras palavras, como **weeks**, **months**, **years** etc. Exemplo: **two weeks in a row** (duas semanas seguidas), **five years in a row** (cinco anos seguidos), e assim por diante.

Trote telefônico – **Crank call**

» I wish I could find out who's been making these crank calls!
   Gostaria de descobrir quem anda fazendo esses trotes!

Outro termo coloquial, **prank call**, também pode ser usado nesse contexto.

» Veja também **interurbano (telefonema)** (p. 55) e **Desculpe, foi engano** (p. 94).

Um golpe de sorte – **A stroke of luck**

» Getting a good job during that period of economic turmoil was really a stroke of luck!
   Conseguir um bom emprego durante aquele período de instabilidade econômica foi mesmo um golpe de sorte!

Um informativo – **An update**

» Our director receives weekly updates on the progress of sales in all the branch offices.
   Nosso diretor recebe informativos semanais sobre o progresso das vendas em todas as filiais.

A palavra **informative** é usada apenas na forma adjetiva. Exemplo: **an informative lecture** (uma palestra informativa). Para referir-se a notícias (**news update**) ou a informações mais recentes sobre algum assunto, a palavra apropriada é o substantivo **update**.

No contexto da informática, o substantivo **update** é usado para referir-se à "atualização" de um software, por exemplo. **Update** pode ainda ser usado como verbo (**Can you update us on the recent events?**, "Você pode nos informar dos acontecimentos recentes?") ou na forma adjetiva **up-to-date** ou **updated** (**an updated resumé,** "um currículo atualizado").

Um mar de rosas – **A bed of roses**

» Life is not a bed of roses!
   A vida não é um mar de rosas!

Um martírio – **An ordeal**

» A few days after the hostage was released, he told the press the ordeal he went through after he was kidnapped.
Alguns dias após o refém ter sido solto, ele contou à imprensa o martírio que viveu depois que foi seqüestrado.

Um sobrado – **A two-story house**

» Mary lives in a two-story house at the end of the street.
Mary mora num sobrado no final da rua.

Observe que, além de ser usado em sua acepção mais comum (de "história, narrativa"), o substantivo **story** significa **floor** (pavimento, andar).

» A five-story building.
Um prédio de cinco andares.

Uma batidinha/um arranhão – **A fender-bender**

» A fender-bender caused the traffic to back up when I was driving to work this morning.
Uma batidinha fez o trânsito parar quando eu estava dirigindo para o trabalho esta manhã.

» Veja também **a hora do rush** (p. 13), **congestionamento/engarrafamento** (p. 30) e **engavetamento** (p. 44).

Uma faca cega – **A blunt knife**

» This knife needs to be sharpened. It's completely blunt!
Esta faca precisa ser afiada. Está completamente cega!

Para dizer que uma faca está cega, o adjetivo correto é **blunt**. Lembre-se de que o adjetivo **blind** é usado para referir-se apenas a pessoas ou animais:

» Ray Charles, the famous blind singer who died in June, 2004, was a great musician.
Ray Charles, o famoso cantor cego que morreu em junho de 2004, era um grande músico.

Uma obra-prima – **A masterpiece**

» Leonardo's well-known masterpiece, the "Mona Lisa", is on display in the Louvre Museum.
A Mona Lisa, a famosa obra-prima de Leonardo, está em exibição no Museu do Louvre.

» "Guernica" is regarded as one of Picasso's masterpieces.
Guernica é considerada uma das obras-primas de Picasso.

Masterpiece é o termo usado para referir-se a um quadro, livro, filme etc. que seja reverenciado por conta de sua excelente qualidade. Já **work of art** (obra de arte) é normalmente utilizado para indicar qualquer quadro, estátua etc. executado por um artista.

» Veja também **natureza-morta** (p. 65).

Uma pilha de nervos – **A nervous wreck**

» After crashing into a bus (which caused a lot of damage to her car), Mary was a nervous wreck.
Depois de ter batido num ônibus (o que causou um grande estrago em seu carro), Mary estava uma pilha de nervos.

Uma questão de... – **A matter of...**

» "Don't worry! Learning how to cook well is only a matter of time", Mrs. Smith told her teenage daughter.
"Não se preocupe! Aprender a cozinhar bem é só questão de tempo", a sra. Smith disse à filha adolescente.

A expressão **question of** também é usada com o mesmo significado de **a matter of**.

Usar aparelho nos dentes – **To wear braces**

» When Sally was a teenager she had to wear braces to correct her teeth.
Quando Sally era adolescente, precisou usar aparelho para corrigir os dentes.

Em inglês britânico, **braces** significa "suspensórios" (coisa que nos EUA se chama **suspenders**).

UTI – **ICU (intensive care unit)**

» After a week in the ICU, the car accident victim eventually pulled through.
 Após uma semana na UTI, a vítima do acidente de carro finalmente conseguiu recuperar-se.

» Veja também **pronto-socorro** (p. 76).

Validade/vida útil de um produto – **Shelf-life**

» Dairy products usually have a short shelf-life.
 Os laticínios geralmente têm validade curta.

Vender que nem água – **To sell like hot cakes**

» This is a great product. I'm sure it's going to sell like hot cakes!
 Esse é um ótimo produto. Tenho certeza de que vai vender que nem água!

Vira-lata – **Mongrel**

» Mary has three dogs: a dalmatian, a siberian husky and a mongrel.
 Mary tem três cachorros: um dálmata, um husky siberiano e um vira-lata.

Nos EUA, o substantivo informal **mutt** também é usado com o mesmo significado de **mongrel**.

Virar-se – **To get by**

» Harry can't speak Spanish very well, but he knows enough to get by.
 Harry não fala espanhol muito bem, mas sabe o suficiente para se virar.

Nesse contexto, pode-se também aplicar a expressão **to make do**:

» Nick can't afford a new car now so he has to make do with the one he has.
No momento, Nick não pode comprar um carro novo; por isso, ele precisa se virar com o que ele tem.

» Veja também **quebrar o galho** (p. 79) e **Quem não tem cão caça com gato** (p. 144).

Voltar atrás no que foi dito – **To go back on one's words**

» If I were you I wouldn't trust Rick. He sometimes goes back on his words.
Se eu fosse você, não confiaria no Rick. Ele às vezes volta atrás no que diz.

» Veja também **retirar o que foi dito** (p. 81).

COISAS QUE AS PESSOAS DIZEM...
E TODOS PERGUNTAM...

Aqui, você encontra um guia de referência baseado em diálogos informais sobre vários assuntos.

A Coca está sem gás (choca). - **The Coke is flat.**

A linha/ligação caiu. - **I got cut off/I was cut off.**

A propósito... - **By the way...**

Adivinha o quê! - **Guess what!**

Agora é pra valer! - **Now it's for real!**

Agora estamos quites! - **Now we are even!**

Aqui está! (Aqui está o que você pediu.) - **Here you are!**

As coisas estão se encaixando. - **Things are falling into place.**

Até aqui, tudo bem! - **So far so good!**

Até que a morte nos separe. - **Till death do us part.**

Bem feito! (Você mereceu o castigo.) - **It serves you right!**

Bem-feito! (cumprimentando alguém por ter feito um bom trabalho) - **Well done!**

Bem me quer, mal me quer... - **She loves me, she loves me not...**

Cara ou coroa? - **Heads or tails?**

Chegar aos 90. - **To live to be ninety.**

Com certeza! - **Definitely!/Absolutely!**

Com o passar do tempo... - **As time goes by...**

Como é o seu nome mesmo? - **What's your name again?**

Cuide da sua vida! - **Mind your own business!**

Dá para perceber! - **You can tell!**

Dá um tempo! - **Give me a break!**

Daqui pra frente... - **From now on...**

De jeito nenhum! - **No way!**

Deixa pra lá... - **Forget it...**

Desculpe, foi engano (telefonando). - **Sorry, wrong number.**

Deu pau! (computador) - **It crashed!**

Deu tudo certo no final. - **It all worked out fine in the end.**

Dois é bom, três é demais! - **Two's company, three's a crowd!**

Dou-lhe uma, dou-lhe duas... (em leilão) - **Going once, going twice...**

Durma bem! - **Sleep tight!**

É a sua vez! - **It's your turn!**

E agora? - **What now?**

E aí? - **What's up?**

É aí que você entra! - **That's where you come in!**

E daí? - **So what?**

É isso aí! - **That's it!**

É para o seu próprio bem! - **It's for your own good!**

É por minha conta! - **My treat!**

É só uma mentirinha! - **It's only a white lie!**

É uma droga! - **It sucks!**

Ela é um papagaio! - **She's a motormouth!**

Ela está se fazendo de difícil. - **She's playing hard to get.**

Ele anda bebendo... - **He's been drinking...**

Ele deu para beber. - **He took to drinking.**

Ele é filho único. - **He's an only child.**

Ele é um mentiroso! - **He's full of shit!/He's a liar!**

Ele é um sonho! - **He is dreamy!**

Ele é um cara durão. - **He's a tough guy.**

Ele é um dicionário ambulante. - **He's a walking dictionary.**

Ele está bancando o detetive/Ele está dando uma de detetive. - **He is playing the detective.**

Ele está em liberdade condicional. - **He's on parole.**

Ele está te sacando... - **He's on to you...**

Ele faz parte da nata. - **He's the cream of the crop.**

Ele fez dezoito anos. - **He turned eighteen.**

Ele já era! - **He's history!**

Ele não dá para esse tipo de serviço. - **He's not cut out for this kind of job.**

Ele não deu as caras! - **He didn't show up!**

Ele pirou/aloprou! - **He freaked out!**

Em construção. - **Under construction.**

Entrou por um ouvido e saiu pelo outro. - **It went in one ear and out the other.**

Era uma vez... – **Once upon a time...**

Está chovendo canivete! – **It's raining cats and dogs!/It's pouring!**

Esta conta vence hoje. – **This bill is due today.**

Esta é só a ponta do iceberg! – **This is just the tip of the iceberg!**

Estamos em três. – **There are three of us.** (Observação: nunca diga "We are in three".)

Estamos ferrados! – **We're screwed!**

Estamos fodidos! – **We're fucked!**

Estava pensando comigo mesmo... – **I was thinking to myself...**

Estou a caminho. – **I'm on my way.**

Estou com frio. – **I'm cold./I'm feeling cold.**

Estou ficando sem paciência... – **I'm running out of patience...**

Estou gripado. – **I have the flu.**

Estou me lixando. /Não tô nem aí. – **I don't give a damn./I couldn't care less./I don't care./** (vulgar) **I don't give a shit**.

Estou morrendo de fome. – **I'm starving.**

Estou morrendo de frio. – **I'm freezing to death/I'm freezing.**

Estou morrendo de medo. – **I'm scared to death.**

Estou resfriado. – **I have a cold.**

Eu cresci ouvindo os Beatles etc. – **I grew up on the Beatles, etc.**

Eu sei o que você quer dizer. – **I know what you mean.**

Falar é fácil! – **Easier said than done!**

Faltam dez minutos. – **Ten minutes to go./Ten minutes left.**

Fica frio! - **Cool it!**

Fim de papo! - **End of story!**

Fiquei ensopado./Fiquei encharcado. - **I got soaking wet.**

Fiquei sabendo que... - **I found out that...**

Fiquei sem palavras!/Fiquei mudo! - **I was speechless!**

Foi de graça! (muito barato) - **That was dirt cheap!**

Foi demais! - **It was awesome!**

Foi por pouco!/Foi por um triz! - **That was a close shave!/That was a close call!**

Grande coisa! - **Big deal!**

Isso dá! (Isso serve!) - **That will do!**

Isso é besteira/bobagem/mentira! - **That's bullshit!**

Isso é que é vida! - **This is the life!**

Isso é um roubo! (muito caro) - **That's a rip-off!**

Isso é uma mixaria! - **That's peanuts!**

Isso me parece suspeito. - **It smells fishy to me.**

Isso te lembra alguma coisa? - **Does that ring a bell?**

Já volto! - **I'll be right back!**

Jogo-da-velha - **Tic-tac-toe**

Juro por Deus! - **I swear to God!**

Larga do meu pé! - **Get off my back!**

Legal! - **Cool!**

Mas e se...? - **But what if...?**

Me deixa em paz! - **Leave me alone!**

Me poupe! - **Spare me!**

Missão cumprida! - **Mission accomplished!**

Muito barulho por nada. - **Much ado about nothing.**

Nada é de graça! - **Nothing comes for free!**

Nada feito! - **No deal!**

Não acredito no que vejo! - **I can't believe my eyes!**

Não é da sua conta! - **It's none of your business!**

Não estrague tudo! - **Don't screw it all up!**

Não faço a mínima idéia. - **I don't have a clue./I don't have the faintest idea./I have no idea.**

Não faz mal! - **It doesn't matter!/It's okay!/Never mind!/No big deal!**

Não me entenda mal. - **Don't get me wrong.**

Não se mexa! - **Stay put! / Don't move!**

Não sei o que deu errado! - **I don't know what went wrong!**

Não sou daqui. - **I'm not from around here.**

Não tenho nada a ver com isso! - **I don't have anything to do with this!**

Não vejo a hora de... - **I can't wait to...**

Negócio fechado! - **Deal!**

No que se refere a.../Quando o assunto é... - **When it comes to...**

Nunca o vi mais gordo! - **I don't know him from Adam!**

O jogo terminou empatado. - **The game ended in a tie.**

O lance é o seguinte... - **Here's the deal...**

O que adiantaria isso? - **What good would that do?**

O que deu em você? - **What's come over you?**

O que é demais é demais! - **Enough is enough!**

O que eu ganho com isso? - **What's in it for me?**

O que foi?/O que é? - **What is it?**

O que há com você? - **What's with you?/What's the matter with you?**

O que vale é a intenção! - **It's the thought that counts!**

O que você acha que eu sou? - **What do you take me for?**

O que você está aprontando/tramando? - **What are you up to?**

O que você quer dizer? - **What do you mean?**

O seu está na reta! - **Your ass is on the line!**

O xis da questão - **The crux of the matter/The heart of the matter**

Olho por olho, dente por dente. - **Tit for tat./An eye for an eye.**

Olho roxo. - **Black eye.**

Onde foi que eu errei? - **Where did I go wrong?**

Os negócios estão melhorando! - **Business is picking up!**

Pára com isso! - **Knock it off!/Cut it out!**

Para piorar a situação... - **To make matters worse...**

Pega leve! (Vá com calma!) - **Take it easy!**

Pelo amor de Deus! - **For Christ's sake!/For Pete's sake!**

Pensando bem... - **On second thought...**

Pode crer! - **You bet!/You can bet on it!**

Podemos dar um jeito... - **We can work it out...**

Ponte aérea - **Shuttle service**

Ponto final! (encerrando um assunto) - **Period!**

Por outro lado... - **On the other hand...**

Por via de regra... - **As a rule...**

Posso te pagar uma bebida? - **Can I buy you a drink?**

Preciso colocar meu sono em dia. - **I need to catch up on my sleep.**

Puxa vida! - **Gee!** (som da primeira sílaba da palavra Jesus)

Quais são as chances de isso acontecer? - **What are the odds of that happening?/What are the chances of that happening?**

Qual é a graça? - **What's so funny?**

Qual é a pressa? - **What's the rush?**

Qual é o lance? - **What's the deal?**

Qual é o placar? - **What's the score?**

Qual é o problema? - **What's the matter?**

Quanto a... - **As to...**

Que Deus a tenha (em bom lugar). - **God rest her soul.**

Que eu me lembre... - **As far as I remember...**
Que eu saiba... - **As far as I know...**

Que fim levou...? - **What became of...?**

Que vergonha! (referindo-se a alguém) - **Shame on you!**

Quem fez o papel de vilão naquele filme? - **Who played the bad guy in that movie?**

Rapidinho/Num piscar de olhos - **In no time/In a flash/In the blink of an eye**

Resumindo... - **In short...**

Sabe de uma coisa?/Sabe o quê? - **You know what?**

Sai da minha frente! - **Get out of my way!/Get out of my face!**

Salvo pelo gongo! - **Saved by the bell!**

São ossos do ofício! - **It's all in a day's work!**

Se eu estivesse no seu lugar... - **If I were in your shoes...**

Segura as pontas./Agüenta firme aí. - **Hang on in there/Hang in there.**

Sei lá! - **Beats me!**

Seja lá o que for... - **Whatever it is...**

Sem ressentimentos... - **No hard feelings...**

Sério? - **Really?**

Sinta-se em casa./Fique à vontade. - **Make yourself at home./Be my guest.**

Sirva-se! (oferecendo especialmente comida a alguém) - **Help yourself!**

Só o tempo dirá! - **Only time will tell!**

Só por cima do meu cadáver! - **Over my dead body!**

Some daqui! - **Get lost!**

Sorte sua! - **Lucky you!**

Sou todo ouvidos. - **I'm all ears.**

Tá com cara de chuva. - **It looks like rain.**

Tanto faz! - **It's all the same./It makes no difference.**

Te peguei! - **Gotcha!** (contração de Got you!)

Te vejo por aí! - **I'll see you around!**

Tinta fresca - **Wet paint**

Todo cuidado é pouco! - **You can never be too careful!**

Uma ova! - **My ass!**

Vai dar tudo certo! - **It will all work out fine!**

Vai te fazer bem! - **It will do you good!**

Vale a pena! - **It's worth it!**

Vamos entrando! (pedindo para alguém entrar) - **Come on in!**

Vamos pegar um cinema. - **Let's catch a movie.**

Você daria um bom médico, advogado etc. - **You would make a good doctor, lawyer, etc.**

Você é quem sabe! - **It's up to you!**

Você está falando sério? - **Are you serious?**

Você está no caminho certo... - **You are on the right track...**

Você está se precipitando... - **You are rushing into things...**

Você fica bonita com esse vestido! - **You look pretty in that dress!**

Você não sabe no que está se metendo! - **You don't know what you are getting into!**

Você tem fogo? - **Do you have a light?**

WHICH ONE?

Toalha... de mesa ou de banho? Receita... de bolo ou de médico?
Durante a aula de inglês, um aluno procura explicar que precisou ir pela escada de seu prédio porque a luz havia acabado e ele não podia usar o elevador. Aí, pergunta alto e bom som ao professor:
 How do you say escada in English?
Sem pestanejar, o professor lhe dá a resposta, escrevendo em letras garrafais no quadro:
 STAIRS.
Todos os alunos anotam no caderno o novo vocábulo.
 Algumas aulas depois, outro aluno, tentando dizer que precisou transportar uma escada em seu carro, utiliza a mesma palavra ensinada pelo professor. É imediatamente corrigido por este, o qual lhe explica que, se estiver se referindo a uma escada de mão que pode ser levada de um lado para outro, o correto é **ladder**, e não **stairs**!
 Como no exemplo acima, este capítulo apresenta uma seleção de palavras que, devido aos diferentes contextos, costumam apresentar dificuldades para o aluno brasileiro: muitas vezes, um mesmo termo em português tem diversos correspondentes em inglês. Veja-se o caso de "receita", que pode ser **recipe** (receita culinária), **prescription** (receita médica) e **revenue** (receita financeira).
 Por isso, se você é aluno ou professor de inglês, lembre-se da importância do contexto (**Which one?**) na próxima vez em que fizer ou ouvir a velha pergunta:
 How do you say... in English?

Aborto (1) – **Abortion**

A palavra **abortion** é usada para referir-se a "aborto planejado, provocado":

» Abortion is a legal practice in some countries.
 O aborto é prática legal em alguns países.

Aborto (2) – **Miscarriage**

Quando se trata de "aborto espontâneo ou involuntário":

» Rachel had three miscarriages before she had her first son.
 Rachel teve três abortos antes do primeiro filho.

Agenda (1) – **Appointment book**

Com o sentido de "livro, caderno ou aparato em que se anotam os compromissos":

» I'm not sure if I'm already busy next Thursday afternoon. Let me check my appointment book.
Não tenho certeza se já estou ocupado na próxima quinta à tarde. Deixe-me checar a agenda.

Em inglês britânico, também se utiliza **diary** nesse contexto.

Agenda (2) – **Agenda**

Com o sentido de "eventos ou compromissos que estão programados ou pontos que serão discutidos numa reunião":

» What's the mayor's agenda today?
Qual é a agenda do prefeito para hoje?

» We won't have time to discuss all those issues. There are far too many items on the agenda.
Não teremos tempo de discutir todos aqueles assuntos – há itens demais na agenda.

Aniversário (1) – **Birthday**

Com o sentido restrito de "aniversário de nascimento; natalício". Lembre-se de que **birthday** significa literalmente "dia do nascimento":

» When is Diane's birthday?
Quando é o aniversário de Diane?

Aniversário (2) – **Anniversary**

Com o sentido de "aniversário de casamento ou de fundação de uma empresa, etc.":

» Mark and Susan went to the Bahamas to celebrate their tenth anniversary.*
Mark e Susan foram para as Bahamas para comemorar o décimo aniversário de casamento.

» Our company celebrated its thirtieth anniversary last September.
Nossa empresa comemorou o 30º aniversário de fundação em setembro passado.

Armário (1) – **Closet**

Com o sentido de "armário de roupas ou outros objetos":

* Ou wedding anniversary.

» "Don't leave your clothes scattered on the bed. Hang them in the closet", Jim's mother told him.
"Não deixe suas roupas espalhadas pela cama. Pendure-as no armário", a mãe de Jim disse a ele.

Wardrobe tem o significado específico de "armário para guardar roupas; guarda-roupa".

Armário (2) – **Locker**

Com o sentido de "tipo de armário normalmente encontrado em vestiários, estações de trem, aeroportos etc.":

» "Let's get a locker and leave our stuff here while we do some sightseeing", Jeff told his friends as they got off the train at Penn Station.
"Vamos pegar um armário e deixar nossas coisas aqui enquanto damos um giro", Jeff disse aos amigos quando desceram do trem na estação Pennsylvania.

Locker room significa "vestiário".

A estação Pennsylvania (familiarmente conhecida como Penn Station) é a maior estação ferroviária de Nova York.

Armário (3) – **Cupboard**

Com o sentido de "armário de cozinha":

» "The cups are in the cupboard beside the refrigerator", Mary told Ann.
"As xícaras estão no armário ao lado da geladeira", Mary disse a Ann.

Assinatura (1) – **Signature**

Com o sentido de "nome escrito; firma":

» "I'm sorry to interrupt, sir, but the board needs your signature on this document", Mr. Brown's secretary told him.
"O senhor desculpe a interrupção, mas a diretoria precisa da sua assinatura neste documento", a secretária do sr. Brown disse a ele.

Assinatura (2) – **Subscription**

Com o sentido de "assinatura de revistas, jornais, serviços":

» "I will definitely renew my subscription to Time magazine. I need to keep myself well-informed", Roger told his friend Bob.
"Eu vou com certeza renovar minha assinatura da revista **Time**. Preciso me manter bem informado", Roger disse a seu amigo Bob.

Para dizer "fazer assinatura de jornais, revistas ou algum serviço, como TV a cabo", pode-se usar o phrasal verb **to subscribe to**:

» "I think I will subscribe to that new TV channel. I love documentaries", Ted told his friend Sam.
"Acho que vou fazer assinatura daquele novo canal de TV. Eu adoro documentários", Ted disse a seu amigo Sam.

Babá (1) – **Babysitter/sitter**

Nos EUA, usa-se a palavra **baby-sitter**, ou simplesmente **sitter**, para referir-se à babá que é contratada por algumas horas para cuidar de uma ou mais crianças.

» Susie likes children so much. She'd make a great babysitter!
Susie gosta tanto de crianças. Ela daria uma ótima babá!

Babá (2) – **Nanny**

Nanny é a babá que cuida de criança(s) em período integral e que muitas vezes, mas não necessariamente, dorme no local de trabalho.

» Josh and Jill decided to hire a nanny since both work full time and are seldom at home.
Josh e Jill decidiram contratar uma babá, já que ambos trabalham em período integral e raramente estão em casa.

Boa noite! (1) – **Good evening!**

Como saudação:

» "Good evening, everyone!", said the professor as he walked into the classroom.
"Boa noite a todos!", disse o professor quando entrou na sala de aula.

Boa noite! (2) – **Good night!**

Como despedida:

» "I'm so tired. I think I'm going to bed. Good night!", said Ruth as she stood up and went upstairs to her bedroom.
"Estou tão cansada! Acho que vou dormir. Boa noite!", disse Ruth, ao levantar-se e subir para o quarto.

Canhoto (1) – **Left-handed**

Que usa primordialmente a mão e o pé esquerdos.

» Even though Brad is left-handed, he can also write well with his right hand.
Embora Brad seja canhoto, ele também consegue escrever bem com a direita.

Canhoto (2) – **Stub**

De cheque, ingresso etc.:

» Joe likes to keep old ticket stubs as souvenirs of the shows and games he went to.
Joe gosta de guardar velhos canhotos de ingressos como lembrança dos shows e jogos aos quais foi.

» Veja também **cheque pré-datado** (p. 27).

Casa (1) – **House**

A palavra **house** se refere à construção em si, que pode ser ocupada por uma empresa, um escritório, uma moradia etc. A diferença entre **house** e **home** é que **home** se refere especificamente ao "lar, o lugar onde alguém reside". É por isso que toda **home** (lar) é **house** (casa) mas nem toda **house** é **home**.

» "I've always lived in houses. I've never lived in an apartment building", Liz told Patty.
"Sempre morei em casas. Nunca morei em prédio de apartamentos", Liz disse a Patty.

Casa (2) – **Home**

Para entender com clareza o significado da palavra **home**, basta lembra a famosa frase **Home sweet home** (Lar, doce lar). O substantivo **home** se refere ao lugar (casa, apartamento, quarto de pensão etc.) onde alguém mora.

» What time do you usually get home from work at night?
A que horas você costuma chegar em casa do trabalho à noite?

Casamento (1) – **Marriage**

Com o sentido de "instituição do casamento":

» Peter and Maggie's marriage lasted only two years, since Peter was too jealous and Maggie decided to break up.
O casamento de Peter e Maggie durou apenas dois anos, já que Peter era ciumento demais e Maggie resolveu separar-se.

Casamento (2) – **Wedding**

Com o sentido de "cerimônia de casamento":

» Over one hundred people attended Tom and Liz's wedding.
Mais de cem pessoas foram ao casamento de Tom e Liz.

Chão (1) – **Floor**

Com o sentido de "piso; chão dentro de uma casa ou outra construção":

» "I think we need to sweep and mop the kitchen floor. It's so dirty!", Maryann told her sister.
"Acho que precisamos varrer e passar um pano no chão da cozinha. Está tão sujo!", Maryann disse à irmã.

Lembre-se de que **floor** também significa "pavimento, andar":

» Kate lives on the second floor.
Kate mora no segundo andar.

Chão (2) – **Ground**

Com o sentido de "chão da rua, do campo, da floresta etc.":

» When Bill looked out of the window, he saw that the ground was covered with snow.
Quando Bill olhou pela janela, viu que o chão estava coberto de neve.

Chefe (1) – **Boss**

Com o sentido de "patrão":

» "Our boss is away on a business trip. He'll be back next Monday", Gary explained to Bill.
"Nosso chefe está viajando a negócios. Ele voltará na próxima segunda", Gary explicou a Bill.

A palavra **chief** também pode ser usada num contexto semelhante, em especial no título de responsáveis por organizações etc.:

» Mr. Elliot was appointed Police Chief of his city in a public ceremony last night.
O sr. Elliot foi nomeado chefe de polícia de sua cidade numa cerimônia pública ontem à noite.

Chefe (2) – **Chef**

Com o sentido de "chefe de cozinha, cozinheiro-chefe, mestre-cuca":

» "My compliments to the chef. The meal was delicious!", Mr. Hart told the waiter.
"Meus elogios ao chefe. A refeição estava deliciosa!", o sr. Hart disse ao garçom.

Cidade (1) – **City**

O substantivo **city** é usado para cidades grandes e importantes:

» "I sometimes wish I could move away from this crazy city to a calmer town in the countryside", Mike told his friends.
"Às vezes eu tenho vontade de me mudar desta cidade louca para uma cidadezinha mais calma no interior", Mike disse aos amigos.

Cidade (2) – **Town**

O substantivo **town** é normalmente usado para cidades pequenas, maiores que uma **village** (aldeia, povoado), mas menores que uma **city**:

» Greg had a hard time getting used to living in New York since he grew up in a small town.
Foi difícil para Greg acostumar-se a morar em Nova York, já que ele cresceu numa cidade pequena.

Colírio (1) – **Eye drops**

» "Your eyes are very dry. I will prescribe you some eye drops", the doctor told Rick after examining his eyes.
"Seus olhos estão muito secos. Vou lhe receitar um colírio", o médico disse a Rick após ter-lhe examinado os olhos.

Colírio (2) – **A sight for sore eyes**

No sentido figurado:

» "She's really a sight for sore eyes. Just look at how pretty she is!", Paul told his friend Luke at the pub.
"Ela é mesmo um colírio para os olhos. Olhe só como é linda!", Paul disse a seu amigo Luke no pub.

Combinar (1) – **To arrange**

Com o sentido de "marcar, programar":

» We've arranged to go to the movies next Saturday.
Combinamos de ir ao cinema sábado que vem.

Combinar (2) – **To match**

Com o sentido de "combinar roupas, calçados, itens de decoração etc.", utiliza-se o verbo **to match** ou, então, o phrasal verb **to go with**:

» You'd better change your tie. It doesn't match your shirt.
É melhor você trocar de gravata. Ela não combina com a sua camisa.

» Those black shoes don't really go with your pants. Don't you have brown ones?
Esses sapatos pretos não combinam mesmo com as suas calças. Você não tem sapatos marrons?

Conhecer (1) – **To know**

Com o sentido de "ser conhecido de alguém":

» "There were a lot of people I didn't know at the party last night", Diane told Martha.
"Havia muitas pessoas que eu não conhecia na festa ontem à noite", Diane disse a Martha.

Conhecer (2) – **To meet**

Com o sentido de "travar conhecimento com alguém":

» "Have you met my friend Carl yet?", Ron asked Tim.
"Você já conhece meu amigo Carl?", Ron perguntou a Tim.

Lembre-se da frase tão utilizada quando somos apresentados a alguém pela primeira vez:

» Nice to meet you!
Prazer em conhecê-lo!

Dar as cartas (1) – **To call the shots**

Com o sentido de "tomar as decisões importantes ou deter o poder em determinada situação":

» If you want to talk business, you have to see Jerry. He is the one who calls the shots around here.
Se você quer falar de negócios, precisa se encontrar com Jerry. É ele quem dá as cartas por aqui.

» Veja também **manda-chuva/figurão/pistolão/bambambã** (p. 59).

Dar as cartas (2) – **To deal the cards**

A forma apropriada de dizer "dar as cartas num jogo de baralho", é **to deal the cards** (e não "to give the cards").

» **You're cheating, and I won't let you deal the cards again!**
Você está roubando, e não vou deixá-lo dar as cartas de novo!

"Naipe" é **suit** (palavra cujo significado mais usual é "terno"). "Embaralhar as cartas" é **to shuffle the cards**. A **deck** é "um baralho"; e **a trump card**, "um trunfo". **To have a good hand** é "ter uma mão boa", ou seja, ter boas cartas.

Duas expressões comuns que têm origem no jogo de cartas e também se utilizam em outros contextos são **to follow suit** (literalmente "seguir o naipe", ou seja, fazer o mesmo que outra pessoa acabou de fazer) e **to have a card up your sleeve** ("ter uma carta na manga", ter uma surpresa reservada).

É ainda bom lembrar que, em quase todos os jogos de cartas, os jogadores blefam (**bluff**) e muitas vezes trapaceiam (**cheat**).

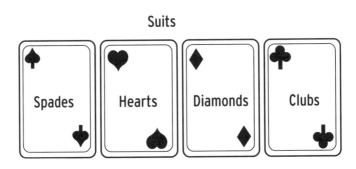

Dar uma volta (1) – **To go for a walk/to take a walk**

A pé.

» Tom likes to go for a walk after lunch. [Ou Tom likes to take a walk after lunch.]
Tom gosta de dar uma volta após o almoço.

Dar uma volta (2) – **To go for a drive**

De carro, ônibus etc.:

» The weather is great today. How about going for a drive?
O tempo hoje está ótimo. Que tal dar uma volta de carro?

Decorar (1) – **To decorate**

Um ambiente:

» Jane's new apartment is beautifully decorated.
O novo apartamento da Jane está maravilhosamente decorado.

Em outro contexto, o verbo **to decorate** e o substantivo **decoration** significam, respectivamente, "condecorar" e "condecoração":

» One of the firefighters was decorated for having rescued a little kid from the burning building.
Um dos bombeiros foi condecorado por ter salvado um garotinho do prédio em chamas.

Decorar (2) – **To memorize**

Com o sentido de "memorizar":

» Nancy has never been very good at memorizing passwords.
Nancy nunca foi muito boa em decorar senhas.

A expressão **to learn by heart** tem esse mesmo significado de "decorar":

» Marylin says she had a hard time learning her lines by heart when she first started out as an actress.
Marylin diz que tinha dificuldade para decorar as falas quando começou como atriz.

» Veja também **saber de cor** (p. 82).

Dedos (1) – **Fingers**

Os dedos das mãos:

» "I think she's married. At least she wears a ring on her finger", Josh told Bill.
"Acho que ela é casada. Pelo menos, usa aliança no dedo", Josh disse a Bill.

Dedos (2) – **Toes**

Os dedos dos pés (artelhos):

» "My toes are killing me", Jeff told his friend Alan after they had been walking in the amusement park for about five hours.
"Meus dedos dos pés estão me matando", Jeff disse ao amigo Alan depois que tinham andado no parque de diversões por umas cinco horas.

Deixar (1) – **To leave**

Na acepção "largar ou esquecer em algum lugar":

» "I think I left my cell phone in my car", Josh told his friend Carl.
"Acho que deixei meu celular no carro", Josh disse a seu amigo Carl.

» "Why don't you leave a message on Bob's answering machine?", Karen suggested to Terry.
"Por que você não deixa recado na secretária eletrônica de Bob?", Karen sugeriu a Terry.

Em outro contexto, **to leave** também significa "partir, ir embora":

» Johnny left New York for good.
Johnny foi-se embora de Nova York para sempre.

Deixar (2) – **To let**

Na acepção "permitir":

» "I'll let you use my car if you promise to drive carefully", Ted told Will.
"Eu vou deixá-lo usar o meu carro se você prometer dirigir com cuidado", Ted disse a Will.

Desfile (1) – **Parade**

Desfile comemorativo:

» There are traditional parades all over the United States to celebrate Independence Day on July 4th.
Há desfiles tradicionais por todos os EUA para comemorar o Dia da Independência, em 4 de julho.

Desfile (2) – **Fashion show**

Desfile de moda:

» Bianca is looking forward to the next fashion show, when new styles of clothes will be shown.
Bianca está ansiosa para o próximo desfile, quando serão apresentados novos estilos de roupa.

Discutir (1) – **To argue**

Quando se está numa discussão exaltada ou briga:

» What are they arguing about?
A respeito do que eles estão brigando?

» Veja também **discussão acirrada** (p. 40).

Discutir (2) – **To discuss**

Quando se trata de "debater, falar a respeito de", mas não "de brigar".
É importante destacar que não se utiliza nenhuma preposição após o verbo **to discuss**:

» Why don't we meet tomorrow to discuss the new project?
Por que não nos encontramos amanhã para discutir o novo projeto?

Emprestar (1) – **To lend**

Com o sentido de "confiar algo (dinheiro, objeto etc.) a alguém durante certo tempo":

» "Has Patrick paid you back the money you lent him?", Liz asked her husband.
"Patrick devolveu o dinheiro que você emprestou a ele?", Liz perguntou ao marido.

O verbo **to loan** também significa "emprestar":

» "Can you loan me ten bucks?", Greg asked Matt.
"Você pode me emprestar dez dólares?", Greg perguntou a Matt.

Emprestar (2) – **To borrow**

Com o sentido de "pegar emprestado":

» **"Can I borrow the car tonight?"**, Peter asked his father.
"Posso pegar o carro emprestado hoje à noite?", Peter perguntou ao pai.

Cabe lembrar que, no português culto, "emprestar" não tem a acepção "tomar emprestado". Entretanto, nós a incluímos aqui porque é cada vez mais freqüente na linguagem coloquial.

Encontrar (1) – **To find**

O verbo **to find** é normalmente empregado como sinônimo de "achar":

» **"Have you found your car keys yet?"**, Bert asked Dave.
"Já encontrou as chaves do carro?", Bert perguntou a Dave.

» **"I can't seem to find Peter. Have you seen him around?"**, Kate asked Linda.
"Não consigo encontrar o Peter. Você o viu por aí?", Kate perguntou a Linda.

Encontrar (2) – **To meet**

Com o sentido de "encontrar-se com" e "travar conhecimento com", **to meet** é usado para referir-se apenas a pessoas:

» We've arranged to meet at Rick's place at eight p.m.
Combinamos de nos encontrar na casa do Rick às 20h.

Entrada (1) – **Down payment**

Com o sentido de "primeira prestação":

» **"The down payment corresponds to ten percent of the total value of the house"**, explained the real estate agent to Mr. and Mrs. Hart.
"A entrada corresponde a 10% do valor total da casa", o corretor explicou ao sr. e à sra. Hart.

Para "dar a entrada" ou "pagar a entrada", usa-se **to make the down payment on**:

» Tom and Sally have saved enough money to make the down payment on the new apartment they plan to buy.
Tom e Sally economizaram dinheiro suficiente para dar a entrada no novo apartamento que pretendem comprar.

Entrada (2) - **Entrance**

Com o sentido de "acesso, entrada de modo geral", como a entrada de um prédio, de uma casa, de uma escola etc.:

» **"Where is the main entrance to the stadium?"**, Bill asked a security guard.
"Onde é a entrada principal do estádio?", Bill perguntou a um segurança.

Entrada (3) - **Ticket**

Com o sentido de "ingresso, bilhete de entrada":

» **Can we buy tickets for the show in advance?**
Podemos comprar antecipadamente as entradas para o show?

» Veja também **cambista** (p. 26).

Entrada (4) - **Appetizer**

Com o sentido de "primeiro prato de uma refeição":

» **"How about some garlic bread as an appetizer?"**, suggested the waiter.
"Que tal pão de alho de entrada?", sugeriu o garçom.

Especialmente em inglês britânico, o substantivo **starter** é usado com o mesmo sentido que **appetizer**.

Escada (1) - **Stairs**

Qualquer escada que seja parte interna de uma construção.

» **"The elevator is out of order. You'll have to take the stairs"**, the janitor told Brad.
"O elevador está quebrado. Você vai ter que ir pela escada", o zelador disse a Brad.

Escada (2) - **Ladder**

Escada de mão.

» **Once Frank climbed to the top of the ladder, he saw that there was something wrong with the antenna.**
Assim que Frank subiu a escada, ele viu que havia algo errado com a antena.

Esgotado (1) – **Sold out**

Com o sentido de "ter sido vendido totalmente (ingressos etc.)":

» Tickets for the game tonight are sold out at the ticket office, but we can still try to get some from a scalper.
Os ingressos para o jogo de hoje à noite estão esgotados na bilheteria, mas ainda podemos tentar conseguir alguns com um cambista.

» Veja também **cambista** (p. 26).

Esgotado (2) – **Tired out**

Com o sentido de "exausto":

» After a hard day's work I usually feel tired out.
Após um dia duro de trabalho, eu geralmente me sinto esgotado.

» Veja também **Estou morto (exausto)** (p. 48).

Esperar (1) – **To wait**

Com o sentido de "aguardar, estar à espera":

» After waiting for the bus for about half an hour, Ralph decided to get a cab.
Após ter esperado o ônibus por aproximadamente meia hora, Ralph resolveu pegar um táxi.

» Mr. Wayne hates to wait for people who are late.
O sr. Wayne detesta esperar gente atrasada.

Esperar (2) – **To hope**

Com o sentido de "torcer por alguma coisa, alimentar esperança":
» Harry hopes to get into Harvard next year.
Harry espera entrar na Harvard ano que vem.

» "I hope you have a nice trip!", Beth told her friend.
"Espero que você faça boa viagem!", Beth disse à amiga.

Esperar (3) – **To expect**

Com o sentido de "ter expectativa":

» Nobody could expect such an abrupt change in the stock market.
Ninguém esperava uma mudança tão abrupta no mercado de ações.

To expect também pode significar "esperar nenê, estar grávida":

» "You really put your foot in your mouth when you asked Susan if she was expecting a baby, when in fact she is just overweight", Brian told Gary.
"Você realmente deu uma mancada quando perguntou a Susan se ela estava grávida, quando na verdade ela está apenas acima do peso", Brian disse a Gary.

Explorar (1) - **To explore**

Com o sentido de "discutir ou examinar algo detalhadamente":

» The teacher told the students to explore the text and underline all the adjectives in it.
O professor mandou os alunos explorarem o texto e sublinharem todos os adjetivos.

Explorar (2) - **To exploit**

Na conotação negativa "explorar alguém; tratar pessoa(s) de forma injusta":

» Many companies exploit their employees by making them work very hard and paying very little in return.
Muitas empresas exploram seus funcionários fazendo-os trabalhar muito e pagando muito pouco em troca.

Quando se trata de "fazer uso industrial ou comercial de recursos naturais", também se utiliza **to exploit**:

» The country's natural resources have not yet been exploited as fully as possible.
As reservas naturais do país ainda não foram exploradas ao máximo.

Fazer (1) - **To do**

To do é empregado de forma mais ampla e genérica que **to make** (o qual, embora também signifique "fazer", costuma ser utilizado na acepção "construir, produzir, fabricar"). Sempre que quisermos perguntar o que alguém fez ou está fazendo, utilizaremos o verbo **to do**:

» What did you do last weekend?
O que você fez no final de semana passado?

» What do you do for a living?
  O que você faz para viver?

É importante lembrar que há várias expressões fixas com o verbo **to do**, tais como **to do the homework** (fazer a lição de casa); **to do the housework** (fazer trabalho doméstico: limpar, lavar louça etc.); **to do a favor** (fazer um favor); **to do the dishes** (lavar os pratos); e **to do physical exercise** (fazer exercício físico).

Fazer (2) - **To make**

To make normalmente é usado com o sentido de "construir, produzir, fabricar" ou em referência a atividades que envolvam trabalho manual, como **to make a cake** (fazer um bolo). Lembre-se da frase **Made in Brazil** (fabricado/construído no Brasil).

» Robin works for a company that makes office furniture.
  Robin trabalha para uma empresa que faz móveis de escritório.

» Janet: What are you doing?
  Lucy: I'm making a cake.
  Janet: O que você está fazendo?
  Lucy: Estou fazendo um bolo.

Algumas expressões comuns com o verbo **to make: to make a decision** (tomar uma decisão); **to make a choice** (fazer uma escolha); **to make a mistake** (cometer um erro); **to make money** (ganhar dinheiro); **to make love** (fazer amor); **to make sense** (fazer sentido); **to make a blunder** (cometer uma gafe); **to make a summary** (fazer um resumo); **to make an offer** (fazer uma oferta); **to make a suggestion** (fazer uma sugestão); **to make an announcement** (fazer uma declaração, comunicar algo); **to make the bed** (fazer a cama); **to make a phone call** (dar um telefonema); **to make progress** (fazer progresso).

Ficar (1) - **To stay**

Com o sentido de "permanecer".

» "Would you rather go out or stay home tonight?", Frank asked his wife.
  "Você prefere sair ou ficar em casa hoje à noite?", Frank perguntou à esposa.

Ficar (2) - **To become**

Com o sentido de "tornar-se":

» We all became really tired after the long walk in the woods.

Todos ficamos bem cansados depois da longa caminhada pela floresta.

O verbo **to get** também pode ser usado com o mesmo significado de **to become**:

» Greg is a very healthy guy. He hardly ever gets sick.
Greg é um cara muito saudável. Ele quase nunca fica doente.

Ficar (3) – **To be**

Com o sentido de "estar situado, localizado":

» My office is on the third floor.
Meu escritório fica no terceiro andar.

Fio dental (1) – **Dental floss**

» Can you stop by the drugstore and buy some dental floss?
Você pode parar na farmácia e comprar fio dental?

Para dizer "usar ou passar fio dental", usa-se o verbo **to floss**:

» Sandy brushes her teeth three times a day, but she doesn't always floss.
Sandy escova os dentes três vezes por dia, mas nem sempre usa fio dental.

Fio-dental (2) – **G-string bikini**

» James refuses to let his wife wear a G-string bikini to the beach.
James se recusa a deixar a esposa usar fio-dental para ir à praia.

Fórum (1) – **Forum**

Com o sentido de "fórum de discussão". Não faz referência ao local (**courthouse**) onde audiências são realizadas ou réus são julgados.

» People with common interests can now join specific discussion forums on the Web.
   Pessoas com interesses em comum podem agora participar de fóruns de discussão específicos na Internet.

Fórum (2) – **Courthouse**

Com o sentido de "tribunal, fórum judicial". Utilize a palavra courthouse para referir-se especificamente ao local onde audiências são realizadas ou réus são julgados.

» The lawyer told the press that a disciplinary hearing would take place in a local courthouse.
   O advogado disse à imprensa que uma audiência disciplinar aconteceria num fórum local.

» Veja também **juiz (1)** (p. 124).

Franquia (1) – **Deductible**

No contexto securitário:

» Peter's car insurance policy has a seven-hundred-dollar deductible.
   A franquia da apólice de seguros do carro do Peter é de 700 dólares.

Franquia (2) – **Franchise**

» Many fast food chains have expanded all over the world through franchises.
   Muitas redes de fast food têm se expandido pelo mundo inteiro através de franquias.

Dois outros termos relacionados são **franchisee** (franqueado) e **franchisor** (franqueador).

Ganhar (1) – **To earn**

Com o sentido de "ganhar salário e afins":

» Neil earns a good salary working for a software company.
   Neil ganha um bom salário trabalhando para uma empresa de software.

Nessa acepção, pode-se também usar o verbo **to make**:

» Mark is making a good salary working as an engineer at an international company.
Mark está ganhando um bom salário trabalhando como engenheiro numa empresa internacional.

Ganhar (2) – **To win**

Com o sentido de "vencer":

» "Who do you think will probably win the tennis tournament?", Fred asked Brian.
"Quem você acha que deve ganhar o torneio de tênis?", Fred perguntou a Brian.

Ganhar (3) – **To get**

Com o sentido de "ganhar um presente":

» Kate got a lot of gifts for her birthday.
Kate ganhou muitos presentes de aniversário.

História (1) – **History**

Para referir-se aos eventos do passado, especialmente no plano político, social ou econômico:

» Going to museums is a great way to learn about one's country's history.
Ir a museus é ótima maneira de aprender sobre a história de seu país.

History é também a palavra usada para referir-se à matéria escolar:

» Jane's favorite subject at school has always been history.
A matéria preferida de Jane na escola sempre foi história.

História (2) – **Story**

Para referir-se ao relato de algum acontecimento, tanto fictício quanto factual:

» "I find that story hard to believe. I think Tom is making it up", Gary told Jill.
"Eu acho essa história difícil de acreditar. Acho que Tom está inventando", Gary disse a Jill.

Jogar (1) – **To play**

Para referir-se a esportes ou jogos que não sejam de azar, como xadrez ou baralho:

» Rick enjoys playing basketball with his friends on Saturday mornings.
Rick gosta de jogar basquete com os amigos nas manhãs de sábado.

» Can you play chess?
Você sabe jogar xadrez?

Jogar (2) – **To gamble**

Para referir-se a jogos de azar:

» People go to Vegas to gamble in the casinos all year round.
As pessoas vão o ano todo a Las Vegas para jogar nos cassinos.

Jogar (3) – **To throw**

Com o sentido de "atirar, lançar":

» As soon as Rick threw the tennis ball, his dog ran to pick it up for him.
Assim que Rick jogou a bolinha de tênis, seu cachorro correu a pegá-la para ele.

Juiz (1) – **Judge**

Com o sentido de "autoridade responsável pelo julgamento de casos num tribunal":

» Everyone in the courtroom waited impatiently for the judge to read the verdict.
Todos na corte aguardavam impacientemente que o juiz lesse o veredicto.

O substantivo **judge** também pode ser usado para referir-se a "juiz de concursos em geral", como concursos de beleza, artes etc.

» Veja também **fórum (2)** (p. 122).

Juiz (2) – **Referee/ref**

Com o sentido de "árbitro de partida esportiva":

» As soon as the referee blew his whistle, putting an end to the soccer game, the winning team started to celebrate.
Assim que o juiz apitou, colocando fim à partida de futebol, o time vencedor começou a comemorar.

Lembrança (1) - **Memories**

Com o sentido de "memória":

» Martha has happy memories of her childhood on a farm where she grew up.
Martha tem boas lembranças de sua infância na fazenda onde cresceu.

Lembrança (2) - **Souvenir**

Com o sentido de "lembrancinha, suvenir".

» "Susie always brings me a souvenir whenever she travels abroad", Karen told her friends.
"Susie sempre me traz uma lembrança quando viaja para o exterior", Karen disse às amigas.

Lembrar (1) - **To remember**

Com o sentido de "recordar, rememorar":

» Max has an incredible memory. He can remember things that happened years ago in detail.
Max tem uma memória incrível. Ele se lembra com detalhes de coisas que aconteceram há anos.

Lembrar (2) - **To remind**

Com o sentido de "suscitar a lembrança, fazer alguém lembrar-se de algo ou de alguma pessoa".

» "I need to remind Mr. Johnson of his five o'clock appointment", Mr. Johnson's secretary thought to herself.
"Preciso lembrar o sr. Johnson do seu compromisso às cinco horas", a secretária do sr. Johnson pensou consigo mesma.

» "You remind me of my friend Alan. You look like him so much", Patty told Richard.
"Você me lembra o meu amigo Alan. Você se parece tanto com ele!", Patty disse a Richard.

O substantivo **reminder** significa "lembrete".

Letra (1) - **Letter**

Para referir-se a "letra do alfabeto".

» The English alphabet has twenty-six letters.
O alfabeto inglês tem 26 letras.

Letra (2) – **Handwriting**

Para referir-se a "caligrafia, maneira pela qual se escreve à mão".

» Mr. Wilcox's handwriting is terrible. No one can read what he writes.
A letra do sr. Wilcox é terrível. Ninguém consegue ler o que ele escreve.

Letra (3) – **Lyrics**

Para referir-se a "letra de música".

» You can find the lyrics to virtually any song on the Web nowadays.
Hoje em dia, a gente consegue encontrar a letra de quase qualquer música na Internet.

Madrinha (1) – **Godmother**

De batismo.

» Gloria is both Ann's aunt and godmother.
Glória é tia e madrinha de Ann.

» Veja também **padrinho (1)** (p. 129).

Madrinha (2) – **Maid of honor**

De casamento.

» "How would you like to be my maid of honor?", Rita asked her best friend Sue.
"O que você acharia de ser minha madrinha de casamento?", Rita perguntou a Sue, sua melhor amiga.

» At Diane's wedding ceremony, the maid of honor stood out as the best dressed.
No casamento de Diane, a madrinha se destacava como a mais bem-vestida.

Mesa (1) – **Table**

Com o sentido de "mesa de modo geral, excetuadas as escrivaninhas, mesas de escritório e afins":

» "Can you put those bags on the kitchen table, please?", Diane asked Sue.
"Você pode colocar essas sacolas na mesa da cozinha, por favor?", Diane pediu a Sue.

Mesa (2) – **Desk**

Com o sentido de "escrivaninha, mesa de escritório e afins, freqüentemente com gavetas":

» Jay spends most of his time sitting at the desk working at his computer.
Jay passa a maior parte do tempo sentado à mesa, trabalhando no seu computador.

Música (1) – **Music**

Com os sentidos de "música de modo geral, quer instrumental, quer cantada" e de "estilo musical":

» Do you like classical music?
Você gosta de música clássica?

» What kind of music do you prefer?
Que tipo de música você prefere?

Música (2) – **Song**

Com o sentido de "canção":

» Do you have a favorite song?
Você tem uma música preferida?

» Rita always sings along when her favorite songs play on the radio.
Rita sempre canta junto quando suas músicas preferidas tocam no rádio.

Nervoso (1) – **Nervous**

Com o sentido de "tenso":

» Alice always gets nervous when she has a test.
Alice sempre fica nervosa quando tem prova.

Nervoso (2) – **Angry**

Com o sentido de "zangado, irado":

» What are you so angry about?
Por que você está tão nervoso?

Noiva (1) – **Fiancée**

Durante o tempo de noivado.

» "Steve's fiancée seems to be a nice person. I think she'll make a good wife", Beth told her friend Maria, Steve's mother.
"A noiva de Steve parece ser uma pessoa bacana. Acho que vai dar uma boa esposa", Beth disse a sua amiga Maria, mãe de Steve.

Para dizer "estar noivo" e "ficar noivo", usa-se respectivamente **to be engaged** e **to get engaged**:

» Rita's engaged to a man from the Netherlands.
A Rita está noiva de um homem da Holanda.

» "Did you know that Laura and Ralph are getting engaged?", Monica asked her co-worker.
"Você sabia que a Laura e o Ralph vão ficar noivos?", Mônica perguntou à colega de trabalho.

» Veja também **noiva (2)** (p. 128) e **casamento (1) e (2)** (p. 108).

Noiva (2) – **Bride**

No dia do casamento.

» The bride could hardly hold back her tears as she walked down the aisle.
A noiva mal conseguia conter as lágrimas enquanto caminhava em direção ao altar.

» Veja também **noiva (1)** (p. 128) e **casamento (1) e (2)** (p. 108).

Noivo (1) – **Fiancé**

Durante o tempo de noivado.

» "I was really surprised when Rachel announced she had broken up with her fiancé", Liz told her friends.
"Fiquei realmente surpresa quando Rachel anunciou que tinha rompido com o noivo", Liz disse às amigas.

» Veja também **noivo (2)** (p. 129) e **casamento (1) e (2)** (p. 108).

Noivo (2) - Groom

No dia do casamento.

» **Most grooms are nervous on their wedding day.**
  A maioria dos noivos fica nervosa no dia do casamento.

» Veja também **noivo (1)** (p. 128) e **casamento (1) e (2)** (p. 108).

Padrinho (1) - Godfather

De batismo.

» **Mark was really proud when Fred invited him to be his daughter's godfather.**
  Mark ficou mesmo orgulhoso quando Fred o convidou para ser o padrinho da filha.

» Veja também **madrinha (1)** (p. 126).

Padrinho (2) - Best man

De casamento.

» **Tom invited his long-time friend Dave to be the best man at his wedding ceremony.**
  Tom convidou Dave, seu amigo de longa data, para ser seu padrinho de casamento.

» Veja também **madrinha (2)** (p. 126).

Passar (1) - To iron

Com o sentido de "passar roupa":

» **Our maid washes and irons all our clothes once a week.**
  Nossa empregada lava e passa todas as nossas roupas uma vez por semana.

Nesse contexto, o verbo **to press** é sinônimo de **to iron**:

» **"Your suit is wrinkled. You'll need to press it", Henry told Clark.**
  "Seu terno está amassado. Você vai precisar passá-lo", Henry disse a Clark.

Passar (2) – **To spread**

Com o sentido de "passar manteiga, geléia etc.":

» **"This strawberry jam tastes really good! Why don't you spread some on your toast?", Linda asked Jane.**
"Esta geléia de morango é gostosa mesmo! Por que você não passa um pouco na sua torrada?", Linda perguntou a Jane.

Passar (3) – **To pass by**

Com o sentido de "passar por algum lugar".

» **"Could you pass by the post office and mail this letter?", Michelle asked her husband.**
"Você poderia passar pelo correio e postar esta carta?", Michelle pediu ao marido.

Passar (4) – **To spend**

Com o sentido de "passar férias, o dia etc.":

» **Roger usually spends his vacation at the beach.**
Roger geralmente passa as férias na praia.

Pena (1) – **To be worth doing something**

Na expressão "valer a pena fazer alguma coisa":

» **It's worth investing in educational programs.**
Vale a pena investir em programas educacionais.

Pena (2) – **To take pity on**

Por exemplo, na expressão "ter pena de":

» **Sometimes I think Fred has a heart of stone. He never takes pity on the needy!**
Às vezes acho que Fred tem um coração de pedra. Ele nunca tem pena dos necessitados!

To feel sorry for equivale à expressão **to take pity on** e é também bastante usual.

O substantivo **pity** também é usado nas expressões **It's a pity** (É uma pena) e **What a pity** (Que pena):

» It's a pity you missed the party last night!
É uma pena que você tenha perdido a festa ontem à noite!

Pena (3) – **Feather**

Com o sentido de "pluma":

» Have you ever heard the saying "Birds of a feather flock together"?
Você já ouviu o ditado "Diz-me com quem andas e te direi quem és"?

A tradução literal desse ditado é "Pássaros que têm a mesma pena andam juntos".

Pensão (1) – **Pension**

Com o sentido de "aposentadoria pública ou privada".

» Have you ever thought about getting a private pension plan?
Você já pensou em ter um plano de pensão privado?

» It's not easy to live on a public pension.
Não é fácil viver com a pensão paga pelo governo.

Pensão (2) – **Alimony**

Com o sentido de "pensão judicial paga a cônjuge após divórcio":

» After their divorce, Larry was ordered to pay alimony to his former wife, to help her support their children.
Após o divórcio, Larry foi intimado a pagar pensão à ex-esposa, para ajudá-la a sustentar os filhos.

Pensão (3) – **Guesthouse**

Com o sentido de "pequeno hotel familiar":

» Peter stayed at a guesthouse downtown when he went to Recife.
Peter ficou numa pensão no centro da cidade quando foi a Recife.

Perder (1) – **To lose**

Com o sentido de "ficar privado de; sofrer perda de".

» "Granny has lost her glasses. Have you seen them around?", Louise asked her husband.
"A vovó perdeu os óculos. Você os viu por aí?", Louise perguntou ao marido.

» "I don't know what kind of a diet Jim is on, but he's been losing weight fast", Neil told Diane.
"Não sei que tipo de regime Jim está fazendo, mas ele tem perdido peso rápido", Neil disse a Diane.

Perder (2) - **To miss**

Com os sentidos de "deixar fugir; não aproveitar" (uma oportunidade, uma festa etc.) e de "deixar de presenciar, de ver ou de ouvir" (uma aula, uma reunião etc.):

» Dick got stuck in traffic and missed the weekly meeting at his company.
Dick ficou preso no trânsito e perdeu a reunião semanal em sua empresa.

Também com o sentido de "perder o ônibus, o trem, um vôo etc.":

» We got to the station a little late and missed the five o'clock train.
Chegamos à estação um pouco tarde e perdemos o trem das cinco horas.

Vale a pena lembrar que o verbo **to miss** é igualmente muito usual na acepção "sentir saudades":

» "Don't you miss your country?", Nick asked Brad, who had been away from his country for about a year.
"Você não sente saudades da sua terra?", Nick perguntou a Brad, que estava fora de seu país havia aproximadamente um ano.

Porco (1) - **Pig**

O animal.

» Mr. Bradford raises pigs and chicken on his farm.
O sr. Bradford cria porcos e galinhas em sua fazenda.

Porco (2) - **Pork**

A carne de porco.

» Terry is vegetarian. He never eats beef or pork.
Terry é vegetariano. Ele nunca come carne de vaca ou de porco.

Prato (1) – **Plate**

A palavra **plate** se refere apenas ao objeto no qual é servida a comida:

» **"Can you set the table for me, please?"**, Nancy asked Betty. **"The plates are in the cupboard above the microwave."**
"Você pode pôr a mesa para mim, por favor?", Nancy pediu a Betty. "Os pratos estão no armário acima do microondas."

Prato (2) – **Dish**

A palavra **dish** pode significar tanto o objeto onde a comida é servida quanto a comida em si.

» **What's your favorite dish?**
Qual é o seu prato favorito?

» **"This is the second dish you've broken today. Can you try and be more careful?"**, the chef told his assistant.
"Esse é o segundo prato que você quebra hoje. Você pode tentar ter mais cuidado?", o cozinheiro-chefe disse ao assistente.

A expressão **to do the dishes** é usada com o mesmo significado de **to wash the dishes** (lavar os pratos):

» **"One of my favorite chores is doing the dishes"**, Jeff told his co-worker.
"Uma das minhas tarefas domésticas preferidas é lavar os pratos", Jeff disse a seu colega de trabalho.

A **three-course meal** é uma refeição composta de três pratos: a entrada (**appetizer** ou **starter**), o prato principal (**entrée, main course** ou **main dish**) e a sobremesa (**dessert**).

» Veja também **entrada (4)** (p. 117).

Professor (1) – **Teacher**

Com o sentido de "professor de modo genérico, excetuados os universitários".

» **What's your math's teacher's name?**
Qual é o nome do seu professor de matemática?

Professor (2) – **Professor**

Em inglês, a palavra **professor** se refere exclusivamente a "professor universitário".

» Andy was about to drop out of college when he met Mr. Heinfeld, one of his professors, who talked him out of the idea.
Andy estava para largar a faculdade quando encontrou o sr. Heinfeld, um de seus professores, que o dissuadiu da idéia.

Nos EUA, **professor** é qualquer professor universitário. Na Inglaterra, **professor** designa apenas os catedráticos (chefes de departamento); lá, os outros docentes universitários são chamados **lecturers**.

Raça (1) – **Race**

Com o sentido de "grupo étnico", ou seja, grupo de pessoas que compartilham a mesma língua, cultura, características físicas etc.:

» New York is really a multicultural city. You can find people of many different races living there.
Nova York é realmente uma cidade multicultural. A gente encontra pessoas de muitas raças diferentes vivendo lá.

Raça (2) - **Breed**

Com o sentido de "raça de animal":

» German shepherds have always been Mary's favorite breed of dog.
Os pastores alemães sempre foram a raça de cachorro preferida de Mary.

Receita (1) – **Recipe**

Culinária.

» The pie will turn out fine if you stick to the recipe!
A torta vai sair boa se você seguir a receita!

Receita (2) – **Prescription**

Médica.

» This handwriting is so confusing. I can hardly make out what is written on the prescription.

Esta caligrafia está tão confusa! Mal consigo distinguir o que está escrito na receita.

Receita (3) – **Revenue**

Financeira.

» **That software company has doubled its revenues over the past five years.**
Aquela empresa de software dobrou sua receita nos últimos cinco anos.

Relógio (1) – **Watch**

De pulso.

» **They say that Swiss watches are the best in the world.**
Dizem que os relógios [de pulso] suíços são os melhores do mundo.

Relógio (2) – **Clock**

De parede ou mesa.

» **"I think the kitchen clock is ten minutes slow. What time is it?", Linda asked her husband.**
"Acho que o relógio da cozinha está dez minutos atrasado. Que horas são?", Linda perguntou ao marido.

Roubar (1) – **To rob**

Com os sentidos de "adentrar algum lugar para subtrair pertences" e "assaltar alguém".

» **Mrs. Springfield's house was robbed. The robbers stole all her jewels.**
A casa da sra. Springfield foi assaltada. Os ladrões roubaram todas as suas jóias.

» **"Thank God I've never been robbed!", Jason told Rick.**
"Graças a Deus nunca fui assaltado!", Jason disse ao Rick.

Roubar (2) – **To steal**

Com o sentido de "surrupiar algo às escondidas; furtar".

» **Someone stole Mrs. Hart's jewels while she was away on vacation.**
Alguém roubou as jóias da sra. Hart enquanto ela estava de férias.

Para melhor entender a diferença entre os verbos "to rob" e "to steal" , compare os exemplos abaixo :

» **The bank was robbed.**
O banco foi assaltado.

» **Most of the money in the bank was stolen.**
A maior parte do dinheiro no banco foi roubada.

Seqüestrar (1) – **To kidnap**

Para referir-se ao seqüestro ou rapto de pessoas apenas.

» **The police still do not have any clues as to who kidnapped the rich businessman's wife.**
A polícia ainda não tem pistas de quem teria seqüestrado a esposa do rico negociante.

Seqüestrar (2) – **To hijack**

Para referir-se a seqüestro de veículo (ônibus, avião, navio etc.).

» **The terrorists announced a list of demands minutes after they hijacked the plane.**
Os terroristas anunciaram uma lista de exigências minutos após terem seqüestrado o avião.

Servir (1) – **To fit**

Roupa, calçado etc.

» **"This sweater doesn't fit me. Do you have a larger one?"**, Rick asked the clerk.
"Este suéter não me serve. Você tem um maior?", Rick pediu ao balconista.

Servir (2) – **To serve**

Comida em restaurante etc.

» **"Lunch is served until three p.m. in that restaurant"**, Phil told his co-worker.
"Naquele restaurante servem almoço até as três horas", Phil disse a seu colega de trabalho.

O verbo **to serve** também é usado com o sentido de "servir o Exército, a Marinha etc." (**to serve in the army, in the navy, etc.**).

» James served in the army when he was nineteen.
James serviu o Exército quando tinha dezenove anos.

» Veja também **Sirva-se!** (p. 101).

Sombra (1) – **Shadow**

Para referir-se, por exemplo, à sombra de uma pessoa na parede:

» It was so dark and quiet in the graveyard that Peter got scared when he saw his own shadow on the wall.
Estava tão escuro e quieto no cemitério que Peter se assustou quando viu a própria sombra na parede.

Sombra (2) – **Shade**

Para dizer "à sombra", o oposto de "ao sol" (**in the sun**):

» It's so hot today! It's ninety-nine degrees [Fahrenheit] in the shade!
Está tão quente hoje! Está fazendo 37 graus à sombra!

Tempo (1) – **Time**

Cronológico.

» "I don't have any time to go into that subject now. Can we talk later?", Greg asked Luke.
"Não tenho tempo para falar sobre esse assunto agora. Podemos conversar mais tarde?", Greg perguntou a Luke.

Tempo (2) – **Weather**

Atmosférico (clima).

» Do you like cold weather?
Você gosta de tempo frio?

» What's the weather like in your country?
Como é o clima no seu país?

Tempo (3) – **Tense**

Verbal.

» What's the past tense of the verb hang?
Qual é o pretérito do verbo **to hang**?

Toalha (1) – **Towel**

De banho.

» Susan wrapped her towel around herself as soon as she got out of the pool.
Susan se enrolou na toalha assim que saiu da piscina.

Toalha (2) – **Tablecloth**

De mesa.

» The tables in the restaurant were beautifully decorated with red tablecloths, flowers and candles.
As mesas no restaurante estavam lindamente decoradas com toalhas vermelhas, flores e velas.

Tocar (1) – **To play**

O verbo polivalente **to play**, além de significar "jogar" e "brincar" (lembre-se de **playground**), é empregado na acepção "tocar instrumento musical".

» Can you play any musical instrument?
Você sabe tocar algum instrumento musical?

Tocar (2) – **To touch**

Com o sentido de "pôr a mão em; usar o tato":

» The sign at the gate read: "Don't touch – Wet paint".
A placa no portão dizia: "Não toque - Tinta fresca".

O verbo **to touch** também é usado no sentido figurado, com o significado de "mexer com os sentimentos de alguém; comover":

» Mary's sad story touched me deep inside.
A triste história de Mary me tocou fundo.

Torcer (1) – **To root for a team**

Com o sentido de "torcer para um time":

» Gary started rooting for the L.A. Lakers ever since he moved to Los Angeles.
Gary começou a torcer pelo Lakers depois que se mudou para Los Angeles.

Torcer (2) – **To keep one's fingers crossed**

Com o sentido de "torcer para que algo dê certo ou aconteça do jeito que se quer; fazer figa":

» I'm keeping my fingers crossed that all your projects will work out fine.
Estou torcendo para que todos os teus projetos dêem certo.

To root for também se usa informalmente na acepção "torcer para alguém":

» You can do it! I'm rooting for you!
Você consegue! Estou torcendo para você!

Torcer (3) – **To wring**

Com o sentido de "torcer roupa, pano etc.".

» Make sure you wring the clothes before you hang them out on the line.
Não deixe de torcer as roupas antes de pendurá-las no varal.

Torcer (4) - **To twist**

Com o sentido de "torcer o pulso, o tornozelo, o joelho etc.".

» Martha twisted her wrist playing volleyball.
Martha torceu o pulso jogando vôlei.

O verbo **to sprain** também é bastante usado no mesmo contexto:

» Tom slipped on a banana skin and sprained his ankle.
Tom escorregou numa casca de banana e torceu o tornozelo.

Usar (1) – **To use**

Para referir-se ao uso de objeto ou equipamento de modo geral (mas não ao de roupas e calçados ou de qualquer outra coisa no corpo, como óculos, perfume, brinco, tatuagem etc.).

» "Can I use your cell phone?", Rick asked Greg. "I think my battery has gone dead."
"Posso usar seu celular?", Rick pediu a Greg. "Acho que a minha bateria acabou."

Usar (2) – **To wear**

Para referir-se ao uso de roupas e calçados ou de qualquer outra coisa no corpo, como óculos, perfume, brinco, barba, tatuagem etc.

» "I always wear sneakers whenever I can. They are so comfortable!", Al told Luke.
  "Eu uso tênis sempre que posso. Eles são tão confortáveis!", Al disse a Luke.

» Brian looks older since he started to wear a goatee.
  Brian parece mais velho desde que passou a usar cavanhaque.

Vela (1) – **Candle**

De cera.

» Candle-lit dinners are romantic.
  Jantares à luz de vela são românticos.

» Jimmy was so small that he could hardly blow out the candles on his birthday cake.
  Jimmy era tão pequeno que mal conseguia apagar as velas em seu bolo de aniversário.

» Veja também **segurar vela** (p. 83).

Vela (2) – **Spark plug**

De ignição.

» The mechanic told me he needed to replace the spark plugs in my car for new ones.
  O mecânico me disse que precisava trocar as velas do meu carro por novas.

DITADOS E PROVÉRBIOS

How do you say "Quando um não quer dois não brigam"? What about "Para bom entendedor, meia palavra basta"? Perguntas desse tipo ocorrem com bastante freqüência em sala de aula.

De fato, o uso de ditados e provérbios para mencionar, descrever ou exemplificar situações as mais variadas é comum em todos os idiomas. Por isso, conhecer e aplicar os ditados e provérbios mais comuns em inglês, significa interagir no idioma de forma mais natural e próxima. Além disso, dominá-los contribui para melhor compreensão de diálogos e textos.

Confira aqui vários dos principais ditados e provérbios dos dois idiomas. Como você verá, nem sempre existe equivalência literal entre o português e o inglês.

A cavalo dado não se olham os dentes.
Don't look a gift horse in the mouth.

A pressa é inimiga da perfeição.
Haste makes waste.

Achado não é roubado.
Finders keepers, losers weepers.

Água mole em pedra dura tanto bate até que fura.
Water dripping day by day wears the hardest rock away.

Águas passadas não movem moinho.
Let bygones be bygones.

Anime-se! Você ainda não viu nada!
Cheer up! The worst is yet to come!

Antes só do que mal acompanhado.
Better to be alone than in bad company.

Antes tarde do que nunca.
Better late than never.

As aparências enganam.
Looks can be deceiving.

Cão que ladra não morde.
Barking dogs seldom bite.

De boas intenções o inferno está cheio.
Hell is paved with good intentions.

Depois da tempestade vem a bonança.
The calm after the storm.

Deus ajuda a quem cedo madruga.
The early bird catches the worm.

Dinheiro não cai do céu.
Money doesn't grow on trees.

Diz-me com quem andas e te direi quem és.
Birds of a feather flock together./A man is known by the company he keeps.

Duas cabeças pensam melhor do que uma.
Two heads are better than one.

É melhor prevenir do que remediar.
An ounce of prevention is worth a pound of cure.

Em boca fechada não entra mosquito.
A closed mouth catches no flies.

Faça o que eu digo e não o que eu faço.
Do as I say, not as I do.

Falando do diabo, aparece o rabo.
Speak of the devil and he appears.

Gato escaldado tem medo de água fria.
A burnt child dreads the fire.

Há males que vem para bem.
Every dark cloud has a silver lining.

Longe dos olhos, longe do coração.
Out of sight, out of mind.

Mais vale um passáro na mão do que dois voando.
A bird in the hand is worth two in the bush.

Matar dois coelhos com uma cajadada só.
Kill two birds with one stone.

Mente vazia, oficina do diabo.
An idle mind is the devil's workshop.

Não adianta chorar sobre o leite derramado.
It's no use crying over spilt milk.

Não cuspa no prato em que come.
Don't bite the hand that feeds you.

Não dê o pulo maior do que a perna.
Don't bite off more than you can chew.

Não deixe para amanhã o que você pode fazer hoje.
Don't put off until tomorrow what you can do today.

Não faça tempestade em copo d'água.
Don't make a mountain out of a molehill./Don't sweat the small stuff.

Não ponha o carro na frente dos bois.
Don't put the cart before the horse.

Nem tudo o que brilha/reluz é ouro.
All that glitters is not gold./Not all that glitters is gold.

No amor e na guerra vale tudo.
All is fair in love and war.

O crime não compensa.
Crime doesn't pay.

O sucesso depende de 10% de inspiração e 90% de transpiração.
Success depends on ten percent inspiration and ninety percent perspiration.

Onde há fumaça, há fogo.
There's no smoke without fire.

Para bom entendedor, meia palavra basta.
A word to the wise is enough.

Quando o gato sai, o rato faz a festa.
When the cat's away, the mice will play.

Quando um não quer, dois não brigam.
It takes two to make a fight.

Quem ama o feio bonito lhe parece.
Beauty lies in lovers' eyes.

Quem não arrisca não petisca.
Nothing ventured, nothing gained.

Quem não tem cão caça com gato.
Make do with what you have.

Quem ri por último ri melhor.
He who laughs last laughs best.

Querer é poder.
Where there's a will there's a way.

Roupa suja se lava em casa.
Don't wash the family's dirty linen in public.

Se não pode vencê-los, junte-se a eles!
If you can't beat them, join them!

Seguro morreu de velho.
Better be safe than sorry.

Tal pai, tal filho.
Like father, like son.

Tudo o que é bom dura pouco.
All good things must come to an end.

Um erro não conserta o outro.
Two wrongs don't make a right.

Uma mão lava a outra.
You scratch my back and I scratch yours.

PARA QUANDO VOCÊ QUISER ENCONTRAR...

(s.) substantivo
(v.) verbo
(adj.) adjetivo
(adv.) advérbio
(pron.) pronome
(conj.) conjunção

A

abacaxi É um abacaxi! 42
abanar de mãos abanando 36
aborto natural 103 (2); provocado 103 (1)
abrir mão de algo 14; uma exceção 14
abusar da sorte 14
acabar de fazer alguma coisa 14; gasolina, tempo, paciência, tinta, idéias etc. 15
acertar em cheio/na cabeça 15
achar Achado não é roubado 141; O que você acha que eu sou? 99
acirrado discussão acirrada 40
acontecer Aconteça o que acontecer 16
acordo chegar a um/entrar em 27
acreditar Não acredito no que vejo! 98
adiantar Não adianta chorar sobre o leite derramado 143; Não adianta... 64; O que adiantaria isso? 99
admirar Não é de admirar que... 46
adivinhar Adivinha o quê! 93
afinal de contas 16
agenda livro de compromissos 103; relação de compromissos 104
agiota 16
agora Agora é pra valer! 93; Agora estamos quites! 93; E agora? 94
água dar água na boca 32; ir por água abaixo 56; vender que nem água 91; Água mole em pedra dura, tanto bate até que fura 141; Águas passadas não movem moinho 141

agüentar Agüenta firme! 101
aí E aí? 94; É aí que você entra! 94; É isso aí! 94; Não tô nem aí! 96
ajudar Deus ajuda a quem cedo madruga 142
alma gêmea 16
aloprar 95
alta dar 32
altura medo de 85
amaciar sapato 16
amamentar 16
amanhã Não deixe para amanhã o que você pode fazer hoje 143
amar Quem ama o feio bonito lhe parece 144
amarelar 16
ambulante dicionário 95
amor No amor e na guerra vale tudo 143; Pelo amor de Deus! 100
andar bebendo 95; descalço 17; na corda bamba 17; Diz-me com quem andas e te direi quem és 142
animar-se Anime-se! Você ainda não viu nada! 141
aniversário de casamento, fundação etc. 104 (2); de nascimento 104 (1)
ano bissexto 17
antena parabólica 18
antes Antes só do que mal acompanhado 141; Antes tarde do que nunca 141
aparelho nos dentes 90

145

aparência As aparências enganam 141
apertar o cinto (economizar) 18
aprontar O que você está aprontando? 99
aqui estar por aqui com 46; Aqui está! (Aqui está o que você pediu) 93; Até aqui tudo bem! 93
armário de cozinha 105 (3); de roupas etc. 105 (1); de vestiário etc. 105 (2)
arranhão/batidinha 89
arregaçar as mangas 18
arriscar Quem não arrisca não petisca 144
arroba (em e-mail) 18
arrumar espaço 18
assediar 18
assédio sexual 19
assinatura de revista etc. nome escrito, firma 105 (2)
assumir a direção, as rédeas 19; a homossexualidade 19
assunto colocar os assuntos em dia 29; polêmico 19
atalho 19
até Até aqui, tudo bem! 93; Até que a morte nos separe 93
ato pegar no 70
atolado em trabalho 45
atrever-se Como você se atreve a...? 30
atualização curso de 31
aula cabular/matar 24
autodidata 20
avesso ao 18
avião pilotar 72
avisar alguém de algo 20
aviso dar aviso prévio 32
azia 20

B

babá em tempo integral 106 (2); temporária 106 (1)
baba Baba! 22
babaca 20
bajular 21

bambambã 59
bananeira plantar 73
bancar o detetive 95
bancarrota 56
barato tirar 86
barulho Muito barulho por nada 98
bastar Para bom entendedor, meia palavra basta 143
bater as botas 21; na mesma tecla 21; o telefone na cara de alguém 21
batidinha/arranhão 89
beber Ele anda bebendo 95
beliche 22
bem (s.) É para o seu próprio bem! 94; Há males que vêm para bem 142; Vai te fazer bem! 102; (adv.) dar-se bem com 36; Que bom que.../Ainda bem que... 78; Bem feito! 93; Bem-feito! 93; Bem me quer, mal me quer... 93; Pensando bem 100
bem-feito 93
bem-passado 59
beneficente 51
berço nascer em berço de ouro 65
besteira Isso é besteira! 97
bicho-papão 22
bico fazer 48; Bico! 22
bijuteria 22
bissexto ano 17
bituca 22
Boa noite! saudação 106 (1); despedida 106 (2)
bobagem Isso é bobagem! 97
bobo dar uma de/fazer-se de 35
boca calar a 25; dar água na 32; céu da 27; livre 23; Em boca fechada não entra mosquito 142
boca-livre 23
bode expiatório 23
boi pôr o carro na frente dos bois 143
bola pisar na 73
bolar 23
bolo dar o 34

bolsa de estudos 23
bonança Depois da tempestade vem a bonança 142
bonito Quem ama o feio bonito lhe parece 144
bota bater as botas 21
brega 23
brigar Quando um não quer, dois não brigam 144
brilhar Nem tudo o que brilha é ouro 143
brincar de esconde-esconde 123; ganhar brincando 53
bronca dar 33
bronze pegar um 71
burocracia 24

C

cabeça acertar na 15; não ter pé nem 64; passar pela 69; quebrar a 79; de trama ou complô 66; Duas cabeças pensam melhor do que uma 142; Mente/cabeça vazia, oficina do diabo 143
cabeça-dura 24
cabular 24
cachorro/cão levar para passear 58; Cão que ladra não morde 141; Quem não tem cão caça com gato 144
cadáver Só por cima do meu cadáver! 101
cafona 23
cair aos pedaços 24; em algum truque 24; fora (dar para trás) 34; linha/ligação 93; na real 24; Dinheiro não cai do céu 142
caixa eletrônico 25
cajadada matar dois coelhos com uma cajadada só 143
calar a boca 25
calejado 25
caloteiro 25
cambista 26
camelô 26
caminho estar no caminho certo 102

canhoto de cheque, ingresso etc. 107 (2); por oposição a destro 107 (1)
canivete chover 96
cano dar o 34
cantada 35
canteiro de obra 26
canudinho 26
cão ver **cachorro**
capital de giro 27
cara (fem.) dar de cara com alguém 33; pagar os olhos da 68; Cara ou coroa? 93; Ele é a cara do pai! 42; Tá com cara de chuva 102 (masc.) durão 95
careca pneu 73
careta fazer 49
carro pôr o carro na frente dos bois 143
carta dar carta branca 33; dar as cartas (baralho) 112; dar as cartas (fig.) 111
casa lar 107 (2); tipo de construção 107 (1); por conta da 74
casamento cerimônia 108 (2); instituição 108 (1)
castigo estar de 46
cavalo A cavalo dado não se olham os dentes 141
cedo Deus ajuda a quem cedo madruga 142
cego faca 89; pessoa 90
cerca pular a 77; ficar em cima do muro 52
certeza Com certeza! 93
certo dar tudo certo no final 78
cesta fazer cesta enterrando 49
céu da boca 27; Dinheiro não cai do céu 142
chá de cozinha 27
chance Quais são as chances de isso acontecer? 100
chão da rua 109; de casa, prédio etc. 108
chefe de cozinha 109 (2); patrão 109 (1)
chegar a um acordo 27; aos 90 93
chegado ser chegado em alguma coisa 84
cheio acertar em 15; estar de saco 46; De boas intenções o inferno está cheio 142

cheque pré-datado **27**; O cheque voltou **66**
choco A Coca está choca **93**
chorar Não adianta chorar sobre o leite derramado **143**
chover canivete **96**
chupeta de criança **27**; felação **28**
chuva Tá com cara de **102**
cidade grande **110 (1)**; pequena **110 (2)**
cima dar a volta por **32**; dar em **33**; ficar em cima do muro **52**; Só por cima do meu cadáver! **101**
cinto apertar o (economizar) **18**; colocar o cinto de segurança **28**
clandestino passageiro **69**
claro deixar **38**
cobaia 28
cobertura apartamento de **28**
coelho matar dois coelhos com uma cajadada só **143**
cogitação fora de **53**
coisa As coisas estão se encaixando (melhorando) **93**; Grande coisa! **97**
colar (v.) em prova **28**
colateral efeito **42**
colírio líquido **110 (1)**; sentido figurado **110 (2)**
colocar alguém a par de alguma coisa **28**; no viva-voz **28**; o cinto de segurança **28**; o sono, a leitura etc. em dia **29**; os assuntos em dia **29**
combinar compromisso etc. **110**; roupas etc. **111**
começar da estaca zero **30**
comer Não cuspa no prato em que come **143**
cometer uma gafe **30**
como Mas como...? **60**
conclusão tirar conclusões apressadas **85**
concordata pedir **70**
congestionamento 30
conhecer como a palma da mão **30**; encontrar alguém pela primeira vez **111 (2)**; ser conhecido de alguém **111 (1)**
consertar Um erro não conserta o outro **144**
construção em construção **95**
conta fazer de **49**; perder a **72**; rachar a **79**; por conta da casa **74**; É por minha conta! **74**; Esta conta vence hoje **96**; Não é da sua conta! **98**
controle assumir o **19**
convencido 31
conversa jogar fora **56**; puxar **77**
copo fazer tempestade em copo d'água **143**
cor (coração) saber de **82**
coração Longe dos olhos, longe do **142**; partir o **69**
corda andar na corda bamba **17**
coriza 31
creche 31
crer Pode crer! **100**
crescer Eu cresci ouvindo os Beatles **96**
crime O crime não compensa **143**
cuidado Todo cuidado é pouco **102**
cuidar de um negócio **86**; Cuide da sua vida! **94**
cumprir prazo **31**
curso de reciclagem/atualização **31**
cuspir Não cuspa no prato em que come **143**
custo de vida **32**

D

dado (adj.) A cavalo dado não se olham os dentes **141**
daí E daí? **94**
daqui pra frente **94**
dar a volta por cima **32**; água na boca **32**; alta **32**; as caras **95**; as cartas (baralho) **112**; as cartas (sentido figurado) **111**; aviso prévio **32**; bronca **32**; carta branca **32**; certo (Vai dar tudo certo!) **102**; de cara com alguém **33**; descarga **56**; duro **33**;

em cima de 33; em nada 33; errado 34; gorjeta 34; jeito (Podemos dar um jeito...) 100; nos nervos 34; o cano/bolo 34; o fora em alguém 34; o pulo maior do que a perna 143; para beber 95; para isto ou aquilo (Ele não dá para esse tipo de serviço) 95; para perceber/notar 32; para trás 34; pau (computador) 94; tudo certo no final 78; um pulo na casa de alguém 35; um tempo 94; uma cantada em 35; uma de bobo 35; uma de detetive 95; uma festa 35; uma gelada 36; uma mancada 36; uma olhada 36; uma volta (a pé) 113 (1); uma volta (de carro, ônibus etc.) 113 (2); Dou-lhe uma, dou-lhe duas... 94; Isso dá! Isso serve! 97; O que deu em você? 99; Você daria um bom médico etc. 102; A cavalo dado não se olham os dentes 141
dar-se ao luxo 64; bem com 36
debaixo por debaixo do pano 74
decolar deslanchar, ter sucesso 37; avião 37
decorar memorizar 113 (2); interiores 113 (1)
dedo estalar 47; das mãos 114 (1); dos pés 114 (2); escolhido a 45
dedurar 37
deixar permitir 114 (2); recado, objeto etc. 114; alguém louco 37; alguém na mão 37; claro 37; em paz 98; p. da vida 38; para amanhã (Não deixe para amanhã o que você pode fazer hoje) 143; para lá 94
demais Foi demais! 53
dentadura 38
dente do siso 38; A cavalo dado não se olham os dentes 141
desabafar 39
descalço andar 17
descarga dar 33
descarregar irritação, mau humor 39
descontar irritação, mau humor 39
desculpa esfarrapada 39

desculpar Desculpe, foi engano 94
desembuchar Desembucha! 39
desfile comemorativo 114; de moda 115
deslanchar 37
desmancha-prazeres 39
despedida de solteiro 40
detetive bancar o 95
Deus jurar por 97; Deus ajuda a quem cedo madruga 142; Pelo amor de Deus 100; Que Deus a tenha 100
dia colocar os assuntos em 29; com os dias contados 29; dia sim, dia não 40
diabo Falando do diabo, aparece o rabo 142; Mente vazia, oficina do diabo 143
dicionário ambulante 95
dinheiro Dinheiro não cai do céu 142
direção assumir a 19
diretoria 40
discussão acirrada 40
discutir brigar 115 (1); trocar idéias 115 (2)
distraído 41
dizer o que se pensa 41; Diz-me com quem andas e te direi quem és 142; Faça o que eu digo e não o que eu faço 142; O que você quer dizer? 99; Só o tempo dirá 101
DOC fazer um 50
dois Dois é bom, três é demais! 94; Duas cabeças pensam melhor do que uma 142; Quando um não quer, dois não brigam 144
dormir como uma pedra 41; Durma bem! 94
droga É uma droga! 95
durão 95
durar pouco (Tudo o que é bom dura pouco) 144
duro dar 33; estar 48
dúvida sem sombra de 84

E

efeito colateral 42
embrulhar para presente 43
embutido (adj.) 43
empatar jogo 99

empinar papagaio 43
emprego sem futuro 43
empresa ponto-com 44
emprestado tomar 116
emprestar ceder 115; tomar emprestado 116; alguma coisa 115
encaixar-se As coisas estão se encaixando 93
encharcado ficar 97
encontrar ir ao encontro de alguém 116 (2); o que se procura 116 (1)
encrenqueiro 44
enferrujado 47
enfiar a faca 44
engano Desculpe, foi engano 94
engarrafamento 13
engavetamento 44
engolir comer depressa 44
enrustido homossexual 19
ensopado ficar 97
entendedor Para bom entendedor, meia palavra basta 143
entender Não me entenda mal 98
entrada acesso de prédio etc. 117 (2); ingresso de show etc. 117 (3); primeira prestação 116; primeiro prato 117 (4)
entrar em acordo 27; na faca 44; no esquema 45; por um ouvido e sair pelo outro 95; É aí que você entra! 94; Vamos entrando! 102
envenenar motor 45
errado dar 34
errar Onde foi que eu errei? 99
erro Um erro não conserta o outro 144
escada fixa 117 (1); móvel 117 (2)
escaldado Gato escaldado tem medo de água fria 142
escândalo fazer 50
escolher a dedo 45
escolhido a dedo 45
esconde-esconde brincar de 23
escritório central (sede, matriz) 61

esfarrapado desculpa esfarrapada 39
esgotado exausto 118 (2); ingresso etc. 118 (1)
espaço arrumar 18
esperar aguardar pessoa, ônibus etc. 118 (1); ter expectativa 118 (3); torcer por, alimentar esperança 118 (2)
esquema entrar no 45
estaca começar da estaca zero 30
estalar os dedos 47
estar a caminho 96; a fim de fazer alguma coisa 45; atolado em trabalho 45; com frio 96; de castigo 46; de licença-maternidade 46; de ressaca 46; de saco cheio de 46; de volta à estaca zero 47; duro/liso 48; em um, dois etc. (Estamos em três) 96; enferrujado 47; gripado 96; no caminho certo 102; por aqui com 46; resfriado 96; Se eu estivesse no seu lugar... 101
esteira ergométrica 47
estrada pôr o pé na 74
estragar Não estrague tudo! 98
exame rachar para um 79
exausto estar 48
exceção abrir 14
exercício físico fazer 59
explorar abusar de pessoa etc. 119 (2); discutir ou analisar detalhadamente 119 (1)

F

faca cega 89; enfiar a 44; entrar na 45
fácil ganhar 53
faixa de pedestres 48
falar do diabo (Falando do diabo, aparece o rabo) 142; sério (Você está falando sério?) 102; Fala logo! 39; Falar é fácil! 96
falência ir à 56
faltar Faltam dez minutos 96
fantasia ilusão, imaginação 51; festa a 51
favela 48
fazer to do 119; **to make** 120; de bobo 35;

de difícil 95; as pazes 48; bem (Vai te fazer bem!) 102; bico 48; careta 49; cesta enterrando 49; de conta 49; DOC 50; escândalo 50; exercício físico 59; figa 139; hora extra 50; jus 50; a lição de casa 15; o possível 50; papel (interpretar) 101; parte da nata 95; progresso 120; questão 50; sentido 120; tempestade em copo d'água 143; visita 51; vista grossa 51; não fazer a mínima idéia 98; não fazer sentido 64; Faça o que eu digo e não o que eu faço 142; Tanto faz! 102

fazer-se de bobo 35; de difícil 95
feio Quem ama o feio bonito lhe parece 144
feitio Não é do feitio dele... 64
ferrado Estamos ferrados! 96
festa dar uma 35; a fantasia 51; beneficente 51; Quando o gato sai, o rato faz a festa 144
fiança soltar sob 85
ficar estar situado/localizado em 121 (3); permanecer 120 (1); tornar-se 120 (2); à vontade 101; bonito, bem etc. (Você fica bonita com esse vestido!) 102; com as pernas bambas 51; de olho 52; em cima do muro 52; ensopado/encharcado 97; frio (Fique frio!) 97; mudo (sem palavras) 97; sabendo que 97; sem paciência 96; sem palavras 97; sem gasolina, tempo, paciência, tinta, idéias etc. 15; vermelho (corar) 52
fichinha Fichinha! 22
figa fazer 139
figurão 49
filho único 95; Tal pai, tal filho 144
filial 52
fim Que fim levou...? 101; Fim de papo! 97
fininho de 82
fio dental (higiene bucal) 121 (1); dental (biquíni) 121 (2)
fio-dental biquíni 121

firme (adv.) namorar 63
flagra/flagrante pegar no/em 70
fodido Estamos fodidos! 96
fogo Onde há fumaça, há fogo 143; Você tem fogo? 102
fome morrer de 96; matar a 60
fora (s.) dar o fora em alguém 34; (adv.) de cogitação 53
força de vontade 53
fórum de discussões 122 (1); judicial 122 (2)
franquia franchising 122 (2); seguros 122 (1)
frente daqui pra 94
frio morrer de 96; ficar 96
fumaça Onde há fumaça, há fogo 143
funcionar 53
fundo no 65

G

gafe cometer 30
galho quebrar o 79
ganhar brincando/fácil 53; dinheiro a rodo 53; jogo, aposta etc. 123; presente 123; salário 122; O que eu ganho com isso? 99
garantir para 68
gato Gato escaldado tem medo de água fria 142; Quando o gato sai, o rato faz a festa 144; Quem não tem cão caça com gato 144
gelada dar uma 36
golpe de sorte 88
gongo salvo pelo 101
gordo Nunca o vi mais gordo 98
gorjeta dar 34
gota d'água 13
graça Foi de graça 97; Nada é de graça! 98; Qual é a graça? 100
grampear telefone 53
grampo telefônico 54
grana torrar 87
gravata borboleta 54
gripado 96

guardar ressentimento 55
guerra No amor e na guerra vale tudo 143

H

hábito largar 56
hálito mau 61
haver O que há com você? 99
hidromassagem 55
hipótese a pior das hipóteses 14
história passar para a 69; conjunto dos acontecimentos passados 123 (1); narrativa 123 (2)
hoje Não deixe para amanhã o que você pode fazer hoje 143; Hoje é o dia do meu rodízio 55
homossexual enrustido 19
homossexualidade assumir 19
hora não ver a hora de 98; do rush 13; em ponto 43; extra 50; H 63

I

iceberg a ponta do 96
idéia Não faço a mínima idéia 98
inferno De boas intenções o inferno está cheio 142
informado manter 60
informativo (s.) 88 informativo (adj.) 88
intenção De boas intenções o inferno está cheio 142; O que vale é a intenção 99
interurbano telefonema 55
ir à falência 56; por água abaixo 56
isso É por isso que... 41

J

jeito dar um 100; pegar o 71; De jeito nenhum! 94; Podemos dar um jeito... 100
jogar apostar 124 (2); atirar, lançar 124 (3); conversa fora 56; xadrez, cartas etc. 123
jogo-da-velha 97
juiz esportivo 124 (2); judiciário 124 (1)
juntar-se Se não pode vencê-los, junte-se a eles! 144

jurar por Deus 97
jus fazer 50

L

lado Por outro lado... 100
lance O lance é o seguinte... 99; Qual é o lance? 100
largar do pé 97; hábito 56
lavar Roupa suja se lava em casa 144; Uma mão lava a outra 144; prato 133
leão-de-chácara 56
legal bacana, transado 87
legenda de filme 57
lembrança suscitar a, lembrar 125; memória 125 (1); suvenir 125 (2)
lembrar lembrete 125, rememorar 125; suscitar a lembrança 125; Isso te lembra alguma coisa? 97; Que eu me lembre... 100
lenda 57
letra caligrafia 126 (2); de música 126 (3); do alfabeto 125
levantar com o pé esquerdo 57
levar a sério 57; cachorro para passear 58; Que fim levou...? 101
leve (adv.) pegar 99
liberdade condicional 95
licença-maternidade 46
lição de casa fazer 120
ligação A ligação caiu 93
ligado ser ligado em alguma coisa 84
língua na ponta da 63
linha A linha caiu 93
liso estar 48
lixar-se 96
lombada 58
longe Longe dos olhos, longe do coração 142
lugar Se eu estivesse no seu lugar... 101

M

macaco velho 84
madrinha de batismo 126 (1); de casamento 126 (2)

madrugar Deus ajuda a quem cedo madruga 142
mais mais ou menos 58; Mais vale um pássaro na mão do que dois voando 142
mal (s.) Há males que vêm para bem 142; Não faz mal 98; (adv.) entender 98; Antes só do que mal acompanhado 141
malhar 59
malpassado 59
mancada dar 36
manda-chuva 59
maneirar 60
manga arregaçar as 18
manter informado 60
mão abrir mão de 14; deixar na 37; conhecer algo como a palma da mão 30; de mãos abanando 36; Mais vale um pássaro na mão do que dois voando 142; Uma mão lava a outra 144
mão-de-vaca 60
mar de rosas 88
marreteiro 26
martírio 89
mas Mas como...? 60; Mas e se...? 98
matar a fome 60; a sede 61; aula 24; dois coelhos com uma cajadada só 143; o tempo 61
matar-se de trabalhar 61
matéria-prima 61
matriz 61
mau hálito 61
medo morrer de 96; de altura 85; Gato escaldado tem medo de água fria 142
meia-boca 62
meio (adj.) Para bom entendedor, meia palavra basta 143
melhor partido 67; Melhor prevenir do que remediar 142
melhorar Os negócios estão melhorando! 99
menina-dos-olhos 13
menstruação 62

mente Mente vazia, oficina do diabo 143
mentira Isso é mentira! 97; É só uma mentirinha! 94
mentirinha 94
mentiroso 95
mentor de trama ou complô 66
mesa de escritório 127; de refeições etc. 126
mesada 62
meter-se Você não sabe no que está se metendo! 102
mexer os pauzinhos 62
mexer-se 98
mimar criança 62
missão Missão cumprida! 98
mixaria 97
moleza Moleza! 22
morrer de fome 96; de frio 96; de medo 96; de rir 63
morto exausto 48
morte Até que a morte nos separe 93
motor envenenar 45
mudo ficar (sem palavras) 97
mulherengo 35
muro ficar em cima do 52
música de modo geral 127 (1); canção 127 (2)

N

nada Muito barulho por nada 98; Nada é de graça! 98; Nada feito! 98
namorar firme 63
nariz escorrendo 31; tapado/entupido 65
nascer em berço de ouro 65
nata fazer parte da 95
natureza-morta 65
negócio tocar um 86; Negócio fechado! 98; Os negócios estão melhorando! 99
nervos dar nos 34; pilha de 90
nervoso ansioso 127 (1); zangado 127 (2)
nexo não ter 64

noite Boa noite! (cumprimento) 116 (1); Boa noite (despedida) 116 (2)
noiva durante o tempo de noivado 128 (1); no dia do casamento 128 (2)
noivo durante o tempo de noivado 128; no dia do casamento 129
nome Como é o seu nome mesmo? 93
nota pagar uma 68
notar Dá para notar 32
novato 65
novela de TV 66
novinho em folha 66
novo novinho em folha 66
nunca quase nunca 78; Antes tarde do que nunca 141; Nunca o vi mais gordo! 98

O

obra de arte 90; prima 90
obra-prima 36
olhada dar uma 36
olhar A cavalo dado não se olham os dentes 141
olho ficar de 52; pagar os olhos da cara 68; mágico 67; roxo 99; Olho por olho, dente por dente 99; Longe dos olhos, longe do coração 142
organização não-governamental (ONG) 67; sem fins lucrativos 67
ONG 67
osso do ofício 101
otário 68
ouro Nem tudo o que brilha é ouro 143
ouvido entrar por um ouvido e sair pelo outro 95; ser todo ouvidos 102
ouvir Eu cresci ouvindo os Beatles 96
ova Uma ova! 102

P

p. da vida 38
paciência ficar sem 96
padrinho de batismo 129 (1); de casamento 129 (2)

pagar os olhos da cara 68; uma nota 68; Posso te pagar uma bebida? 100
pai Tal pai, tal filho 144
palavra ficar sem 97; Para bom entendedor, meia palavra basta 143
palma conhecer algo como a palma da mão 30
pano por debaixo do 74
pão-duro 60
papagaio empinar 43; Ela é um papagaio! 95
papão 22
papel de vilão 101
papo Fim de papo! 97
par colocar a 28
parabólica 18
paradeiro 68
parar Pára com isso! 99
parecer Quem ama o feio bonito lhe parece 144
partido o melhor 67
partir o coração 69
passageiro clandestino 69
passar (v.) férias etc. 130 (4); geléia, manteiga etc. 130 (2); para a história 69; pela cabeça por algum lugar 130 (3); roupa 129; (s.) com o passar do tempo 93
pássaro Mais vale um pássaro na mão do que dois voando 142
pau tomar (escola) 86; dar (computador) 94
pau-para-toda-obra 69
pauzinhos mexer os 62
paz deixar em 98; fazer as pazes 48
pé levantar com o pé esquerdo 57; não ter pé nem cabeça 64; pegar no 70; pôr o pé na estrada 74; no saco 84; Larga do meu pé! 97
pedaço cair aos 24
pedestre faixa de 48
pedir concordata 70
pegar entrar na moda 70; alguém de surpresa 70; em flagrante/no flagra 70; leve

99; no pé 70; o jeito 71; um bronze 71; um cinema 102; Te peguei! 102
pena ter pena de 130 (2); valer a 130 (1); pluma 131
penetra 71
pensão aposentadoria 131 (1); hospedagem 131 (3); judicial 131 (2)
pensar consigo mesmo 96; Duas cabeças pensam melhor do que uma 142; Pensando bem... 100
perceber Dá para perceber 32
perder pôr tudo a 75; a conta 72; emprego, peso etc. 132; ônibus, trem etc. 132
periferia urbana 72
perna ficar com as pernas bambas 51; Não dê o pulo maior do que a perna 143
pilha de nervos 90
pilotar avião 72
piloto de corrida 72
pintar o sete 73
pior A pior das hipóteses 14
piorar Para piorar a situação... 99
pisar na bola 30
pistolão 59
placar Qual é o placar? 100
planilha eletrônica 18
plantão 36
plantar bananeira 73
pneu careca 73
poder (s.) de compra 75; Querer é poder 144; (v.) Pode crer! 100
polêmico assunto 19
ponta do iceberg 96; na ponta da língua 63; tecnologia de 85
ponta-cabeça 37
ponte aérea 100
ponteiro de relógio 75
ponto pôr um ponto final em 75; em ponto; Ponto final! 100
ponto-com empresa 44
pôr o carro na frente dos bois 143; o pé na estrada 74; os toques finais em 74; tudo

a perder 75; um ponto final/um fim
porco o animal 132; a carne 132
posse tomar 155
possível fazer o 155
pouco por pouco 97
poupar Me poupe! 98
pouso de emergência 75
prato o objeto 133; o objeto e/ou a comida 133; Não cuspa no prato em que come 143; lavar 133
prazo cumprir 31; de validade 76; final 76
precipitar-se numa decisão, você está se precipitando 85
pré-datado cheque 27
pregar não pregar o olho 69
presente (s.) embrulhar para 43
pressa inimiga da perfeição 141; Qual é a pressa? 100
prevenir Melhor prevenir do que remediar 142
problema Qual é o problema? 100
procuração 76
professor de modo genérico, exceto universitário 133; universitário 134
progresso fazer 120
pronto-socorro 76
propina 76
propósito a propósito 93
pular a cerca 77
pulo dar um pulo na casa de alguém 35; Não dê o pulo maior do que a perna 143
Puxa vida! 100
puxar a alguém da família 77; conversa 77; saco 77; Puxa vida! 100
puxa-saco 77

quanto Quanto a... 100; Quanto mais... mais... 77; Quanto mais... menos... 77; Quanto menos... mais... 77; Quanto menos... menos... 77

quase quase nunca 78
que (pron.) O que foi...?/O que é...? 99
quebra-molas 58
quebrar a cabeça 79; carros, máquinas etc. 78; o galho 79
querer O que você quer dizer? 96; Quando um não quer, dois não brigam 144; Querer é poder 144
questão fazer 50; questão de 90; xis da 99
quite Agora estamos quites! 93

R

raça animal 134 (2); etnia 134 (1)
rachar a conta 79; para um exame 79
ralé 80
ramal telefônico 80
rapidinho 101
rato de biblioteca 80
real cair na 24
realizar um sonho 81
receita culinária 134 (1); financeira 135; médica 134 (2)
recém-casados 81
reciclagem curso de 31
rédeas tomar as 19
referir-se No que se refere a... 98
regra por via de 100
relógio de mesa ou parede 135 (2); de pulso 135 (1); ponteiro de 75
reluzir Nem tudo o que reluz é ouro 143
remediar Melhor prevenir do que remediar 142
resfriado (adj.) estar 98
ressaca 46
ressentimento guardar 55; Sem ressentimentos... 101
resumir Resumindo... 101
reta O seu está na reta! 99
retirar o que foi dito 81
revelar filme 81; segredo etc. 81
revezar-se 81
reviravolta 82

rir morrer de 63; Quem ri por último ri melhor 144
rodízio Hoje é o dia do meu rodízio 55
rosa mar de rosas 88
roubar assaltar 135 (1); furtar 135 (2)
roubo Isso é um roubo! 97
roupa passar 129; torcer 139; Roupa suja se lava em casa 144
rua sem saída 82
rush hora do 13

S

saber de cor 82; do que se está falando 35; ficar sabendo que 97; Que eu saiba... 101; Sabe de uma coisa?/Sabe o quê? 101; Sei lá! 83; Você é quem sabe! 102
sacar Ele está te sacando... 95
saco estar de saco cheio 46; puxar 77
saideira 14
sair correndo/voando 82; de fininho 82; Quando o gato sai, o rato faz a festa 144; Sai da minha frente! 101
salvo são e 83; pelo gongo 101
sarro tirar 86
saudade sentir 132
se (conj.) Mas e se...? 98
secretária eletrônica 83
sede (é) matriz, escritório central 61
sede (ê) matar a 61
seguido três dias seguidos 87
segurar as pontas 101; vela 83
seguro Seguro morreu de velho 144
senso bom senso 23
sentido não fazer 64
sentir-se em casa 101
separar Até que a morte nos separe 93
seqüestrar pessoa 135 (1); veículo 135 (2)
ser chegado/ligado em alguma coisa 84; daqui (Não sou daqui) 98; macaco velho 84; todo ouvidos 102; um pé no saco 84; É por isso que... 41; Já era 95; O que foi?/O que é? 99; Seja lá o que for 101

156

sério levar alguém a 57; Sério? 101
servir mesa em restaurante etc. 136 (2); roupa, calçado etc. 136 (1)
servir-se esp. de comida; Sirva-se! 101
sete pintar o 73
siso dente do 38
só Antes só do que malacompanhado 141
sobrado 89
soltar sob fiança 85
sombra à sombra 137 (2); reflexo 137 (1); sem sombra de dúvida 84
soneca tirar 86
sonho realizar 81; Ele é um sonho! 95
sono colocar o sono em dia 29
sorte abusar da 14; golpe de 88; Sorte sua! 101
sucesso O sucesso depende de 10% de inspiração e 90% de transpiração 143; O sucesso subiu à cabeça 67
sumir Some daqui! 101
suspeito Isso me parece suspeito 97
suspensório 90

T

tanto Tanto faz! 102
tarde Antes tarde do que nunca 141
tecla bater na mesma 21
tecnologia de ponta 85
teimoso 24
telefone bater o telefone na cara de alguém 21; grampear 53; interurbano 55; trote ao 88
telenovela 66
tempestade em copo d'água 143; Depois da tempestade vem a bonança 142
tempo dar um 94; matar o 61; atmosférico (clima) 137 (2); cronológico 137 (1); verbal 137 (3); com o passar do 93; Só o tempo dirá 101
ter a ver com 64; que Deus a tenha (em bom lugar) 100
terceirização 85

terceirizar 85
terminar empatado 99
tinta fresca 102
tirar barato/sarro 86; conclusões apressadas 85; soneca 86
tiroteio 86
toalha de banho 138 (1); de mesa 138 (2)
tocar alguém ou algo 138 (2); instrumento musical 138 (1); um negócio 86
tomar as rédeas 19; pau 86; posse 155
toque de recolher 87; pôr os toques finais 74
torcer os dedos, fazendo figa 139 (2); para um time etc. 138; roupa, pano etc. 139 (3); tornozelo etc. 139 (4)
torrar grana 87
tramar O que você está tramando? 99
transado bacana, legal 87
trem de pouso 87
três dias seguidos 87; Dois é bom, três é demais! 94; Estamos em três 96
triz por um 97
trote telefônico 88
truque cair em algum 24

U

usar roupas e calçados 140; objeto, equipamento, menos roupas e calçados 139; aparelho nos dentes 90
UTI 91

V

valer a pena 130; No amor e na guerra vale tudo 143; O que vale é a intenção! 99
validade de produto 91
variar Para variar 68
vazio Mente vazia, oficina do diabo 143
vela de cera 140 (1); de ignição 140 (2); segurar 83
vencer Esta conta vence hoje 96; Se não pode vencê-los, junte-se a eles! 144
vender que nem água 91

ver não ver a hora de 98; Anime-se! Você ainda não viu nada! 141; Não acredito no que vejo 98; Nunca o vi mais gordo! 98; Te vejo por aí! 102
vergonha Que vergonha! 101
vermelho ficar (corar) 52
vez de uma vez por todas 37; de vez em quando 37; É a sua vez! 94; Era uma vez... 96
via por via de regra 100
vida útil de produto 91; custo de 32; Cuide da sua vida! 94; Isso é que é vida! 97
vira-lata 91
virar-se 91
visita fazer uma 51
vista fazer vista grossa 51
viva-voz colocar no 28
volta dar a volta por cima 32; dar uma (a pé) 113 (1); dar uma (de carro, ônibus etc.) 113 (2)
voltar atrás no que se disse 92; Já volto 97
vontade ficar à 101; força de 53

X

xis da questão 99

Z

zero começar da estaca zero 30

Este livro foi composto na fonte Interstate e impresso em fevereiro de 2023
pela Paym Gráfica e Editora Ltda., sobre papel offset 75g/m^2.